GÜTERSLOHER
VERLAGSHAUS

S. 83

S. 71

Gütersloher Verlagshaus. Dem Leben vertrauen

GottesdienstPraxis Serie A

Arbeitshilfen für die Gestaltung
der Gottesdienste im Kirchenjahr

Herausgegeben von Erhard Domay

Gütersloher Verlagshaus

GottesdienstPraxis

III. Perikopenreihe

Band 1: 1. Sonntag im Advent bis
5. Sonntag nach Epiphanias

Gütersloher Verlagshaus

Bibliografische Information der Deutschen Nationalbibliothek
Die Deutsche Nationalbibliothek verzeichnet diese Publikation in der Deutschen Nationalbibliografie; detaillierte bibliografische Daten sind im Internet über http://dnb.d-nb.de abrufbar.

© Mix
Produktgruppe aus vorbildlich bewirtschafteten Wäldern, kontrollierten Herkünften und Recyclingholz oder -fasern
FSC
www.fsc.org Zert.-Nr. SGS-COC-004278
© 1996 Forest Stewardship Council

Verlagsgruppe Random House
FSC-DEU-0100
Das für dieses Buch verwendete
FSC-zertifizierte Papier *Munken Premium*
liefert Arctic Paper Munkedals AB, Schweden.

1. Auflage

Umschlagentwurf: Finken & Bumiller, Stuttgart, unter Verwendung eines Aquarells von Margret Vogt-Wölfer.
Satz: Buch-Werkstatt GmbH, Bad Aibling
Druck und Bindung: Těšínska tiskárna a.s., Česky Těšín
Printed in Czech Republic

ISBN 978-3-579-06033-0

www.guetersloher-verlagshaus.de

Inhalt

1. Advent
Das Buch Jeremia 23,5-8

Dieter Heidtmann

Exegetisch-homiletische Skizze

Die Worte des Propheten Jeremia richten sich an ein bedrohtes Volk. Das israelitische Nordreich ist erobert und zerstört worden. Die Oberschicht des Landes wurde »in alle Länder verstoßen«, d.h. ins Exil geführt. Das judäische Südreich befindet sich in einer politisch höchst unsicheren Lage, verzweifelt zwischen den politischen Großmächten Assyrien, Babylonien und Ägypten lavierend. Die Grenzen Judäas sind permanent bedroht und von den eigenen Königen ist keine Hilfe zu erwarten. Über einen nach dem anderen ist nur zu sagen: »Und er tat, was dem Herrn missfiel, wie seine Väter getan hatten.« (vgl. 2 Kön 23,32; 24,9.19) In diese höchst unsichere Zeit und gegen den Missbrauch der politischen Macht richtet sich die Verheißung Jeremias. Der Herr wird Hirten über das Volk setzen, »die sie weiden sollen, dass sie sich nicht mehr fürchten noch erschrecken noch heimgesucht werden«. (Jer 23,4) Ein König aus dem Hause David wird für Recht und Gerechtigkeit im Land sorgen und beide Teile des verheißenen Landes (Juda und Israel) in Sicherheit leben lassen.

Der Predigttext gliedert sich in zwei Prophetensprüche, wobei die Verse 7–8 die Bedeutung des verheißenen Königs noch einmal hervorheben, indem sie den erwarteten Umbruch der Herausführung Israels aus Ägypten gleichsetzen. Der Mittelpunkt des Textes ist die Heilsankündigung des Königs, der Gerechtigkeit bringen wird. Nach der Theologie Jeremias bedingen sich innere und äußere Sicherheit. Nur ein politischer Führer, der dem Wort Gottes entsprechend lebt und regiert, kann dafür sorgen, dass die Menschen in ihrem eigenen Land in Frieden und Sicherheit leben können. Die Qualitäten des verheißenen Königs werden mit der Begrifflichkeit des Hofzeremoniells beschrieben. Der König ist der Hirte des Volkes. Seine Titel sind Recht und Gerechtigkeit, womit die Rechtmäßigkeit seiner Herrschaft und seine Verantwortung für das Land und seine Menschen beschrieben werden. »Die Wiederholung hebt hervor, dass dieser Herrscher tatsächlich seine Verantwortung wahrnimmt.« (G. Fischer, Jeremia 1–25. HThKAT, Freiburg, Basel, Wien 2005, 680) K. Koch interpretiert »gerecht« als »gemeinschaftstreu/heilvoll sein« (Art. sdq. In: THWAT II. München/ Zürich 1975, 507–530). Das verweist auf einen sehr umfassenden Gerechtigkeitsbegriff. Der verheißene König trägt Verantwortung für eine Gesellschaft, in der die Menschen wohl und sicher leben können.

Worin Gerechtigkeit besteht, lässt sich aus den Gerichtsworten Jeremias über die Könige Joahas, Jojakim und Jojachim ablesen: »Schaffet Recht und Gerechtigkeit und errettet den Bedrückten von des Frevlers Hand und bedränget nicht die Fremdlinge, Waisen und Witwen und tut niemand Gewalt an und vergießt nicht unschuldiges Blut an dieser Stätte.« (Jer 22,3) »Weh dem, ... der sein Haus mit Sünden baut und seine Gemächer mit Unrecht, der seinen Nächsten umsonst arbeiten lässt und gibt ihm seinen Lohn nicht ...« (Jer 22,13). Das Gegenbild ist König Josia, der dem Gesetz Moses in Israel wieder Geltung verschaffte: »Er half den Elenden und Armen zum Recht, ... aber deine Augen und dein Herz sind auf nichts anderes aus als auf unrechten Gewinn und darauf, unschuldig Blut zu vergießen, zu freveln und zu unterdrücken.« (Jer 22,16–17) Aus heutiger Sicht lesen sich die Anforderungen an den verheißenen Königs wie ein modernes Handbuch für »gute Regierungsführung«: Die Kennzeichen für »wohl regieren« sind Rechtmäßigkeit, Gerechtigkeit und Sicherheit. Heute würde man sagen: Demokratie und Rechtsstaatlichkeit, Sozialschutz und innere wie äußere Sicherheit. Das kommt Ansprüchen an die gegenwärtigen Regierungen, wie sie im Grundgesetz oder im EU-Vertrag (Lissabon-Vertrag) festgelegt sind, erstaunlich nahe.

Jeremia geht es aber nicht nur um die Ankündigung einer besseren politischen Staatsführung. Der eigentliche Herrscher, der Israel aus seiner Not führen wird, ist Gott selbst. Das Prophetenwort Jeremias öffnet sich damit über die irdische Gerechtigkeit hinaus. Der Herr wird »dem David einen gerechten Spross erwecken« und »es wird die Zeit kommen« – in diesen Formulierungen wird die messianische Dimension des Textes spürbar (vgl. Jes 11,1; 32,1; Sach 3,8; 6,12), die dann auch im Neuen Testament aufgegriffen wird (1 Kor 1,30; Mt 21,9). Es geht nicht nur um ein bisschen mehr irdische Gerechtigkeit, es geht um den Anbruch einer neuen Zeit. Der »Spross« steht für das Neue, Lebendige, das aus der alten Wurzel hervorspringt und neue Frucht hervorbringen wird.

Der Predigttext macht die Spannung des Advents spürbar. Es ist schon erkennbar, worin das Neue, das kommen soll, besteht. Die Hoffnung ist nicht inhaltsleer, sondern kann benannt werden. Aber das Neue ist noch nicht da. Es ist eben noch nicht Weihnachten, sondern wir leben erst daraufhin. Der König ist noch nicht da, sondern erst verhießen, auch wenn schon klar ist, worin seine Herrschaft bestehen wird. Und das verändert die Welt. Dasselbe gilt für die Gerechtigkeit. Noch herrschen die alten Mächte und Strukturen, aber das Neue ist schon erkennbar und stellt die jetzige Herrschaft grundsätzlich infrage. In dem Moment, in dem Jeremia ausspricht, wie Juda und Israel tatsächlich regiert werden sollten, ist die Autorität der herrschenden Könige dahin. Das Alte gilt nicht mehr, es wird vergehen, denn das Neue ist schon sichtbar. »Siehe, es kommt die Zeit …« – wer aus dieser Hoffnung lebt, der wird sich mit Ungerechtigkeit und Unsicherheit in unserer Gesellschaft nicht mehr abfinden.

Predigtidee

Aktuelle Ungerechtigkeiten und Missstände in der Gesellschaft werden den Verheißungen Jeremias gegenüber gestellt.

Predigtthema

Die Ankündigung von Gottes Gerechtigkeit stellt die gegenwärtige Ungerechtigkeit in Frage.

Vorschläge zur Liturgie

Gruß

Die Gnade unseres Herrn Jesus Christus und die Liebe Gottes und die Gemeinschaft des Heiligen Geistes sei mit euch allen. Amen. Ich begrüße Sie alle zu diesem Gottesdienst am 1. Advent. Advent bedeutet: Gott kommt zu uns. So steht es auch im Wochenspruch Sacharja 9,9: »Siehe, Dein König kommt zu Dir, ein Gerechter und ein Helfer.«

»Macht hoch die Tür, die Tor macht weit, es kommt der Herr der Herrlichkeit«, haben wir gesungen. Das ist ein Vers aus einem Tempellied aus dem Alten Testament. An den Feiertagen wurden die Tore des Tempels feierlich geöffnet, damit die Menschen auch sehen: Gott wohnt wirklich mitten unter uns und er kommt zu uns. Stellen Sie sich vor, wie die ganze Stadt vor den Toren des Tempels steht. Und dann klopft von innen ein Priester an die großen Tore des Tempels und ruft: »Macht hoch die Tür und die Tor macht weit, hier kommt der Herr der Herrlichkeit!« So wollen auch wir zur Eröffnung des Advents Psalm 24 beten. Ich spreche den Vorspruch und Sie antworten mit dem eingerückten Vers.

Psalm: Ps 24 (EG)

Gebet zum Eingang

Du kommst zu uns, Gott, hierher in unsere Welt. Du kommst zu uns, in unser Leben. Wir müssen dich nicht woanders suchen, denn du kommst hierher zu uns. Wir müssen nicht nach dir fragen, denn du hast uns schon gefunden. Du rufst uns zu dir und schenkst uns Nähe. Du sorgst für uns und achtest auf jeden von uns. Lass uns mit dir zusammen feiern, Gott, hier und jetzt.

Lesungen

Zum Thema Gerechtigkeit: Sir 40, 24–28; Mt 25,31–46.
Zum Advent: Mt 21,1–9; Hebr 10,19–25.

Kyrie

Gott kommt zu uns, aber oft sind wir nicht zu Hause. Wir haben Wichtigeres zu tun, als ihn bei uns einzulassen. Wir sind mit uns selbst beschäftigt und haben gerade keine Zeit. Unser Leben ist nicht so, wie es sein sollte, aber wir wollen es nicht wahrhaben. Um uns herum sind Ungerechtigkeit und Unsicherheit, aber wir verschließen unsere Augen. Herr, wir vertun die Zeit, die du uns anvertraut hast. Wir kommen zu dir und bekennen dir unsere Schuld.

Fürbittengebet
Gott, wir bitten, dass du zu uns kommst, wenn wir in Not sind und uns Angst bedrängt. Erlöse uns von dem, was uns bedrückt, damit wir wieder frei atmen können. Gott, wir bitten, dass du zu uns kommst, um uns einen neuen Weg zu zeigen, den wir gehen können, wenn wir selbst keinen Ausweg sehen: für uns selbst und in unserer Verantwortung für andere. Gott, wir bitten, dass du zu uns kommst, wenn wir nur noch das Eigene sehen und keine Augen und Ohren mehr für andere haben. Befreie uns aus unserer Abgeschlossenheit,
damit wir wieder mehr Gemeinsamkeit erleben. Gott, wir bitten Dich, dass du zu uns kommst, wenn wir das Gefühl haben, dass wir nichts tun können, obwohl wir sehen, wie notwendig unsere Hilfe wäre. Verwandle unser Zögern in Mut und Zuversicht, damit wir neu ins Leben gehen.

Lieder: EG 1,1–5 Macht hoch die Tür; EG 7,1–5 O Heiland, reiß die Himmel auf, EG 16,1–5 Die Nacht ist vorgedrungen; EG 9,1.4–5 Nun jauchzet, all Ihr Frommen; EG 18 (Kanon) Seht, die gute Zeit ist da; EG 536 Auf, auf Ihr Christen alle; CoG 88,1–7 Veni, veni, Emanuel. In: Colours of Grace. Gesangbuch der Gemeinschaft Evangelischer Kirchen in Europa (GEKE). München: Strube Verlag 2006.

Vorschlag zur Predigt

Möglicher Anfang

(Einstieg mit einer aktuellen Notsituation)
Die Lage ist denkbar verzweifelt. Die Regierung hat die Gehälter der meisten Beschäftigten im öffentlichen Dienst um 50 % gekürzt. Darüber hinaus wurde die Anzahl der Mitarbeitenden in einigen Bereichen, z. B. den Schulen, um bis zu 20% reduziert. Drei Ministerien wurden geschlossen, darunter das Ministerium für Familie und Kinder.

Die Zahlung des Arbeitslosengeldes wurde von 9 auf 6 Monate reduziert. Die Renten wurden ebenfalls gekürzt. Soweit Rentnerinnen und Rentner zusätzliche Einkommen zu ihrer Rente haben, können diese um bis zu 70 % reduziert werden. Der Mindestsatz für die Sozialhilfe (Existenzsicherung) liegt bei 30 % des statistischen Existenzminimums (1/3 dessen, was man zum Leben braucht).

Das Szenario, das hier beschrieben wird, ist nicht erfunden. Es ist nur wenige hundert Kilometer nordöstlich von hier bittere Realität. Ich habe Ihnen die Maßnahmen aufgezählt, die die Regierung Lettlands im vergangenen Jahr getroffen hat, um ein endgültiges Zusammenbrechen des Staates zu verhindern. In Lettland beträgt das Existenzminimum, das man zum Überleben benötigt, rund 220 € im Monat. Davon müssen sämtliche Lebenshaltungskosten gedeckt werden. Das Problem ist, dass der lokale Sozialhilfesatz, den Sie erhalten, wenn Sie keinerlei andere Einkommen haben, in der Regel nur rund 50 € beträgt, zu wenig zum Leben und zu viel zum Sterben. Was macht man in einer solchen Situation? Worauf hofft man, wovon lebt man?

Der Predigttext für unseren heutigen Adventssonntag richtete sich an Menschen, deren Staat in ähnlich bedrohlicher Situation war. Der Nordteil Israels war bereits erobert worden und viele Angehörige des israelitischen Volkes ins Exil verschleppt worden. Der Südteil wurde von einem korrupten und ungerechten Königshaus regiert, das sein Fähnlein nach den herrschenden Machtverhältnissen ausrichtete und vor allem auf das eigene Wohl bedacht war. Eigentlich gibt es nichts mehr, auf das man vernünftigerweise noch hoffen kann. Und in diese Situation richtet Jeremia die folgenden prophetischen Worte.
Es folgt der Predigttext Jer 23,5–8.

»Siehe, es kommt, die Zeit«, verkündet Jeremia. Sie ist noch nicht da, aber es ist doch schon erkennbar, worin sich die neue Zeit von der jetzigen unterscheiden wird: Ein König wird Israel regieren, der für Recht und Gerechtigkeit sorgen wird, der helfen wird, damit man im Land wieder sicher leben kann. Ein ganz anderer König als der jetzige, von dem in der Bibel nur gesagt wird: »Er tat, was dem Herrn missfiel, wie seine Väter getan hatten.« Jeremia verkündet eine andere Zeit – und indem er für alle öffentlich macht, wie es im Land eigentlich zugehen sollte, stellt er zugleich diejenigen grundsätzlich infrage, die nicht das tun, was sie in der Verantwortung vor Gott und den Menschen eigentlich tun müssten. Der neue König ist noch nicht da, Jeremia kündigt sein Kommen ja erst an, und doch setzt sein Kommen alles, was jetzt geschieht, schon in ein anderes Licht.

Dabei ist das, was Jeremia über das Kommen des neuen Herrschers sagt, hochaktuell: Er soll »wohl regieren«, Recht und Gerechtigkeit üben, den Menschen im Land helfen und sie sicher wohnen lassen. Ich lese Ihnen im Vergleich dazu die ersten Sätze aus dem EU-Vertrag, dem Vertrag von Lissabon vor, in dem beschrieben wird, wie Europa regiert werden soll: »Ziel der [Europäischen] Union ist es, den Frieden, ihre Werte und das Wohlergehen ihrer Völker zu fördern. Die [Europäische] Union bietet ihren Bürgerinnen und Bürgern einen Raum der Freiheit, der Sicherheit und des Rechts ... Sie bekämpft soziale Ausgrenzung und Diskriminierungen und fördert soziale Gerechtigkeit und sozialen Schutz, ...« (Art. 3 des Vertrags über die Europäische Union). Jeremia hätte es nicht schöner sagen können: »Ein Land, in dem man sicher wohnt.« Umso mehr prangert Jeremia als Prophet im Namen Gottes das Fehlverhalten und die Missstände in der Regierung seiner Zeit an. Auch die Kirchen heute erheben ihre prophetische Stimme gegen Missstände in unserer Gesellschaft ...

Zum weiteren Verlauf

Aktuelle Missstände werden kirchlichen Stellungnahmen zur globalen Finanz- und Wirtschaftskrise gegenüber gestellt. Dazu einige Zitate:

Gerechtigkeit üben: »Auch in unserem Land gibt es materielle Armut, viel häufiger aber gibt es mangelnde Teilhabe in einem Bereich, der besser als ›Armutsrisiko‹ bezeichnet wird. ... Ohne materielle Verteilungsgerechtigkeit läuft Chancengleichheit ins Leere. Aber ohne die Schaffung von Teilhabegerechtigkeit ... ist der traditionelle Verteilungsstaat unvollkommen.« (Gerechte Teilhabe – Befähigung zu Eigenverantwortung und Solidarität. Eine Denkschrift des Rates der EKD zur Armut in Deutschland, Hannover 2006, S. 3).

Sicher wohnen: »Dass es nicht mehr weiter gehen kann wie bisher, spüren viele. ... In dieser Situation erinnert der Rat der EKD mit den hier vorgelegten Überlegungen zur Finanzmarkt- und Wirtschaftskrise an ein biblisches Bild. Im 30. Kapitel des Jesajabuches kleidet der Prophet seine Botschaft vom Verhängnis seines Volkes in das Bild eines Risses, der sich, zunächst kaum sichtbar, immer weiter in eine hohe Mauer frisst, bis der Mörtel rieselt, der die Steine hält, ja bis am Ende die ganze Mauer einstürzt. Aus der prophetischen Perspektive ist der Zusammenbruch deshalb unausweichlich, weil das Volk sich auf falsche Sicherheiten verlassen hat und den lebensdienlichen Geboten Gottes nicht gefolgt ist. ... Aus der prophetischen Perspektive lässt sich das Verhängnis nicht mehr aufhalten. Noch suchen die Menschen nach Halt. Aber die Sicherheiten sind nur Schein, sie brechen ein.« (Wie ein Riss in einer hohen Mauer. Wort des Rates der EKD zur globalen Finanzmarkt- und Wirtschaftskrise. EKD-Texte 100, S. 5. http://www.ekd.de/download/ekd_texte_100.pdf)

»Siehe, es kommt die Zeit«: »Wer das prophetische Wort so hört, spürt seine Aktualität. Denn es gab, auch in der weltweiten Christenheit und hierzulande, seit langem Stimmen, die auf tiefgreifende Änderungen auf den Finanzmärkten und in der Wirtschaftspolitik drängten. Aber die angenehmen und beruhigenden Botschaften wurden vorgezogen. So sind wir Menschen. Es ist schwer, neue Wege zu wagen! Aber wer Verantwortung übernehmen will, muss die Warnungen ernst nehmen und mutig neue Schritte gehen.« (Wie ein Riss in einer hohen Mauer, S. 11)

Möglicher Schluss

In Wirtschaftsfragen ist es gute Tradition in Deutschland, den Rat von »Wirtschaftsweisen« einzuholen. Jeremia ist ein solcher Weiser. Er eröffnet in seinen Worten ein vielfältiges Bild von Gerechtigkeit. Da geht es zum einen um die Fürsorge und soziale Sicherheit für die, die Not leiden. Jeremias Verständnis von Gerechtigkeit reicht aber weit über irdische Gerechtigkeit hinaus. Gerechtigkeit bedeutet für Jeremia, die Welt wieder in Ordnung zu bringen, die Dinge zurecht zu bringen, zur Vollendung zu bringen. Das Leben der Menschen, die in großer Not sind, zu einem guten Ende zu bringen. Diese Ankündigung der Gerechtigkeit Gottes macht Mut, anders zu leben. »Was Ihr einem meiner geringsten Geschwister angetan hat, das habt Ihr mir angetan«, sagt Jesus. Und er nennt die Beispiele: den Hungrigen zu essen geben, den Durstigen zu trinken zu geben, Fremde aufzunehmen, Kranke zu heilen und die Gefangenen nicht allein zu lassen. (vgl. Mt 25,31–46). Gerechtigkeit bringt Werke der Liebe hervor. Und eines haben diese Taten der Liebe gemeinsam: Dass man den anderen Menschen auf einmal ganz anders sieht, dass man das Göttliche in ihm oder in ihr sieht. Wo wir anderen Menschen so begegnen, wie Gott es von uns erwartet, fängt unser Leben an, »richtig« zu werden. Dann beginnt die Gerechtigkeit Gottes, sein großes Zurechtbringen, schon hier und jetzt! Amen

Gestaltungsideen

Die Gemeinde vor der Kirche versammeln und zu EG 1 gemeinsam in die Kirche ziehen.
Mit dem gemeinsam gesungenen Kanon »Seht, die gute Zeit ist nah« (EG 18) die Predigt in einzelne Abschnitte gliedern. Den Zwischentext von Peter Huchel (nach EG 14) gemeinsam als Bekenntnis lesen.

Symbole, Aktionen

Berichte über Ungerechtigkeit in unserer Gesellschaft aus der Tagespresse vortragen und jeweils einer Verheißung Jeremias gegenüberstellen.
Einen Baum der Gerechtigkeit erstellen. An einen Baum werden Adventssterne gehängt, auf denen Beispiele stehen, wie Ungerechtigkeit überwunden werden kann. Die Beispiele können vorher im Konfirmandenunterricht erarbeitet werden.

Kontext

Vielleicht ist heute mehr zum Geborenwerden bereit, als die erkennen, die sich mit viel gutem Willen in der folgenlosen Geschäftigkeit des politischen Alltags aufreiben. Das Neue tritt nicht in Erscheinung als mitreißendes Programm, als beflügelnde Utopie, als unwiderstehliche Welle, schon eher als Zweifel am Herkömmlichen, als tastendes Suchen nach erfüllterem Leben, als

neue Form menschlicher Kommunikation, als Bürgerinitiative gegen technokratischen Größenwahn, als Streit um bisher Unbestrittenes, als neuer Wegweiser, auf dem keine Endstation verzeichnet ist, allenfalls die nächste oder übernächste Ortschaft.
(Erhard Eppler, Wege aus der Gefahr, Reinbek bei Hamburg 1981, S. 15, Rechte beim Autor)

Tipp zum Text

J. Moltmann, Das Kommen Gottes. Christliche Echatologie, Gütersloh 1995.

Einleitungsteil mit Kindern
1. Advent

Urd Rust

Leitmotiv: Der kommende König

Psalm: Psalmgebet nach Psalm 24
Macht hoch die Tür, die Tor macht weit,
es kommt der Herr der Herrlichkeit.
  Wir feiern Advent.
  Ein Königsfest bereiten wir vor.
  Der König kommt zu uns.
Macht hoch die Tür, die Tor macht weit,
es kommt der Herr der Herrlichkeit.
  Wer ist der König?
  Gott ist unser König.
  Gott hat alles gemacht.
  Wir sind seine Kinder –
  Königskinder!
Macht hoch die Tür, die Tor macht weit,
es kommt der Herr der Herrlichkeit.
  Wenn unser König bei uns ist,
  dann fehlt uns nichts.
  Was wir brauchen, gibt er uns.
  Er hilft uns.
Macht hoch die Tür, die Tor macht weit,
es kommt der Herr der Herrlichkeit.
  Macht Türen und Herzen weit auf,
  dass Gott königlich kommen kann.
  Zündet Kerzen an, strahlend hell!
  Mit göttlichem Licht kommt unser König.
Macht hoch die Tür, die Tor macht weit,
es kommt der Herr der Herrlichkeit.

Der Kehrvers kann auch nach EG 1 gesungen werden.

Lesung: Mt 21,1–9 – Jesus zieht in Jerusalem ein
Eine schöne Nacherzählung mit Rahmenhandlung findet man dazu in der Bibel: Regine Schindler, Mit Gott unterwegs, Seite 217 f.

Lieder: EG 1 Macht hoch die Tür; EG 13 Tochter Zion, freue dich; Advent, Advent, ein König kommt (R. Horn, U. Walter, Advent und Weihnachten mit dem Friedenskreuz,Lippstadt 2008)

Besondere Aktion

Krone mit Wochenspruch
Der Wochenspruch für die erste Adventwoche lautet: Siehe, dein König kommt zu dir, ein Gerechter und ein Helfer. (Sacharja 9,9)

Erklärung zum Wochenspruch

Liturg/in: Zum ersten Advent haben wir eine Krone vorbereitet. Eine Krone weist auf einen König hin. Denn nur Könige tragen eine Krone. Der Wochenspruch für den 1. Advent möchte unseren Blick auf einen König wenden. Das Bibelwort lautet: »Siehe, dein König kommt zu dir«.
An Weihnachten warten die Menschen also auf einen König. Auf den König der ganzen Welt. Auf einen König, der zu den Menschen geht. Sonst ist es ja umgekehrt, sonst müssen die Menschen zu ihrem König gehen. Es ist also ein ungewöhnlicher König. Das Bibelwort geht noch weiter. Es heißt: »Siehe, dein König kommt zu dir, ein Gerechter und ein Helfer.« (Sach 9,9)
Dieser König will also, dass es gerecht zugeht, zwischen ihm und den Menschen. Und er will nicht sich selbst, sondern den Menschen helfen. In der Tat, es ist ein außergewöhnlicher König, der zu uns Menschen auf die Welt kommt.

Basteln einer Krone

Jedes Kind bastelt eine Krone aus Goldkartonpapier (Vorlage, s. u., vergrößern, ausschneiden und zusammenkleben). Der Wochenspruch wird auf ein Spruchband geschrieben oder gedruckt und aufgeklebt. Die Krone können die Kinder noch weiter verzieren, z. B. mit »Halbedelsteinen« (Bonbons bzw. Pralinen werden mit Silber- bzw. Alufolie umwickelt und auf die Krone geklebt).

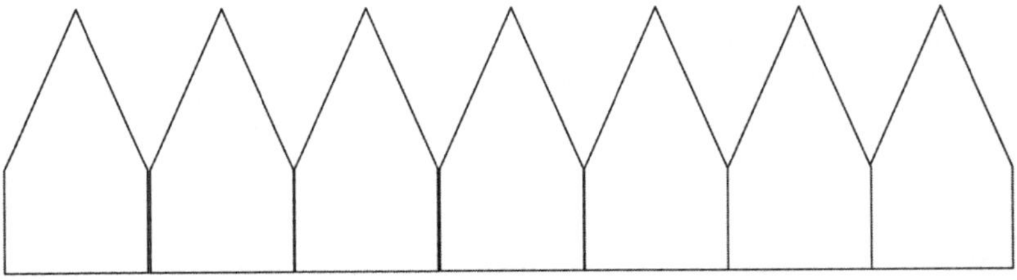

Zeichnung: Martin Schoch

Aus Beitrag »Gottes Advent verändert Leib und Seele«, von Martin Schoch/Kathrin Lichtenberger, in Kindergottesdienst praktisch 2010. Güterloher Verlagshaus/Verlagsgruppe Random House GmbH.

2. Advent
Das Evangelium nach Matthäus 24,1-14

Monika Renninger

Exegetisch-homiletische Skizze
Mir leuchtet die Sichtweise von Ulrich Luz ein, der in seiner Analyse des Matthäusevangeliums in Mt 24,1f. die Ankündigung der Tempelzerstörung als Abschluss der vorausgehenden Weherede Jesu sieht. Nach der Auseinandersetzung Jesu mit den Schriftgelehrten und Pharisäern verlässt Jesus den Tempel. Es folgt die letzte der fünf matthäischen Reden (Mt 24–25). Ihr Ort im Evangelium ist durch die Endzeitrede des Markusevangeliums (Mk 13) vorgegeben. Danach folgt die Passionsgeschichte.

Der Redeabschnitt Mt 24,3–14 wendet sich an die Jüngerinnen und Jünger und damit an die Gemeinde. Die große Gefährdung der Gemeinde ist offensichtlich: In Mt 24 wiederholen sich die Warnungen vor falschen Christussen (Mt 24,4.11.23–26). Von den Ereignissen der Endzeit spricht Jesus zum einen im Blick auf die Welt (Mt 24,6–8), zum anderen im Blick auf die Gemeinde unter der Völkern (Mt 9–14).

Luz benennt zwei besondere Schwierigkeiten für die Auslegung der matthäischen Endzeitrede: Sie kann weder allein auf die zeitgeschichtliche (Jüdische Kriege 66–73 n. Chr., Zerstörung des Tempels 70 n. Chr.) noch allein auf die endgeschichtliche Deutung (letzte Drangsale und Wiederkunft Christi) reduziert werden. Zum anderen handelt es sich nicht um einen neu produzierten, sondern um einen reproduzierten apokalyptischen Text, also um einen traditionellen Text, der vom Autor nur verändert und angepasst wird. Das bedeutet: Vorhandene Texte werden im Licht neuer Erfahrungen fortgeschrieben und erweitert, wirken aber eben zugleich auch formelhaft, da der direkte Erfahrungsbezug, das auslösende Moment von Bedrängnis, Unterdrückung und Leiden, der zur Abfassung des Textes geführt hat, weit zurückliegt. Die Textgrundlage von Mt 24–25 ist nach Luz ein vormarkinischer

Grundtext, der vor der Zerstörung Jerusalems entstand, eine Art »apokalyptisches Flugblatt«.

Der Predigttextabschnitt verbindet zwei unterschiedlich akzentuierte Teile. In Mt 24,6–8 finden sich Motive, die als Zeichen der Endzeit in vielen apokalyptischen jüdischen und christlichen Texten zu finden sind: Kriege, Naturkatastrophen, Hungersnöte. Bei Mt 24,9–14 steht die Bedrängnis der Gemeinde im Mittelpunkt, die Angst vor Verfolgung, Hass und Ablehnung, aber auch die Sorge vor Verrat und Verführbarkeit: dass die Liebe zu Christus und zur Gemeinde erkaltet. Dieser Abschnitt kann im Horizont der zeitgeschichtlichen Ereignisse, der Jüdischen Kriege, der Zerstörung Jerusalems und des Tempels sowie der messianisch geprägten spirituellen und politischen Aufbrüche der Zeit Jesu verstanden werden. Offenbar sieht das Matthäusevangelium die Situation der Gemeinde sehr dramatisch, insgesamt viermal spricht es davon, dass es eine Mehrzahl in der Gemeinde geben wird, die von Abfall und Lieblosigkeit erfasst werden.

Eine dritte Deutungsebene führt der Kommentar des Origenes mit der Spiritualisierung und Individualisierung des Textes ein: Für Origenes gibt es eine geistlich verstandene Parusie. Sie ist die »Ankunft des Wortes in der Seele«. Ereignet sich das Wort, so kommt es in der Seele zu Kriegen mit menschlichen, philosophischen Wahrheiten. Origenes aber will sich allein an Christus halten, der »täglich in der Seele jedes Glaubenden ... ankommt auf prophetischen und apostolischen Wolken« (zitiert bei Luz).

Das Wann und Wie beantwortet die Endzeitrede in Mt 24–25 so: Es wird keine Zeichen mehr geben, an denen man sich in letzter Minute noch orientieren kann, nur die Pseudopropheten gaukeln dies vor. Das einzige Zeichen ist der Menschensohn selbst. Und dieser ist schon da! Der Ausblick von Mt 24–25 auf Endzeit und Ende ist nur die letzte Verkündigung desjenigen Jesus, von dem Matthäus in seinem ganzen Buch erzählt hat und der als Immanuel seine Gemeinde auch durch die dunkle Gegenwart begleitet.

Für die Predigt scheint es mir wichtig, sich die Ursprungssituation apokalyptischen Denkens bewusst zu machen: Apokalyptische Texte entstehen unter Schmerzen, in Leiderfahrungen, in Bedrängnis. In diesem Zusammenhang bedeutet Gottes Kommen in die Welt: Das wird nicht verschwiegen, nicht unterdrückt und nicht vergessen. Der Glaube an Gottes Gegenwart in Christus führt dazu, ihn als Herrn der Geschichte und auch ihrer Vollendung zu denken und zu erhoffen.

Das Leiden an der Welt und mit der Welt geht bei Gott nicht verloren. Krippe und Kreuz gehören beide zur Geschichte Jesu mit den Menschen. In Schmerzen und Lachen, Schrecken und Vorfreude kündigt sich an, dass Gott kommt.

Das soll in der Predigt herausgehoben werden: Das Vertrauen auf Christus als den Herrn der Zeit und der Geschichte schärft den Blick für das, was ist. Es hilft, nicht wegzuschauen, sondern genauer hinzusehen. Es führt dazu, dass Menschen nicht nur in der Erwartung von Veränderung, sondern mit ihren Möglichkeiten zur Veränderung leben. Der Blick auf Christus fordert eine Haltung des Sehenwollens. Diese ist im Wochenspruch für den 2. Adventssonntag benannt: »Seht auf und erhebt eure Häupter, weil sich eure Erlösung naht.« (Lk 21,28) Deshalb verschränke ich für die Predigt diesen tröstlichen und herausfordernden Wochenspruch mit dem deskriptiven und aufklärerischen Predigttext.

Literatur:
Ulrich Luz, Das Evangelium nach Matthäus, Bd. 3, EKK, 1997

Predigtidee

Aufsehen – anschauen – adventlich leben!

Predigtthema

Der zweite Advent ist anders: Gericht und Erlösung ist Thema dieses Sonntages. Das ist nicht gemütlich, sondern aufrüttelnd. Denn zur Hellsichtigkeit des Glaubens gehört es, hinzusehen, sich nicht wegzuducken. Die Jesusrede im Matthäusevangelium über Endzeit und Ende, in der Hoffnungslinie des Wochenspruchs (»Seht auf und erhebt eure Häupter, weil sich eure Erlösung naht!« Lk 21,18) gelesen, lässt Ermutigung anklingen, auch da die Liebe nicht erkalten zu lassen, wo die

Welt im Chaos versinkt und lebenswerte Strukturen zu zerfallen drohen. Denn: Gott kommt zur Welt. Das verändert sie.

Vorschläge zur Liturgie

Psalm: Ps 63

Lieder: EG 3 Gott, heilger Schöpfer aller Stern; EG 6 Ihr lieben Christen, freut euch nun (Wochenlied); EG 19 O komm, o komm, du Morgenstern; EG 20 Das Volk, das noch im Finstern wandelt

Lesungen: Jes 35,3–10; Jak 5,7–11

Votum

Wir feiern Gottesdienst im Namen Gottes, Quelle unseres Lebens, / im Namen Jesu, Grund unserer Hoffnung, / im Namen des Heiligen Geistes, Kraft, die uns stärkt und leitet. Amen.

Kyrie

Wir bringen vor dich, Gott voll Barmherzigkeit,
unser Mühen und unsere Versuche,
gerecht und gut und in Frieden miteinander zu leben.
Du weißt, woran wir scheitern.
Du siehst, was uns abhält und was es uns schwer macht.
Bewahre uns vor Angst und Selbstsucht und Eitelkeit.
Auf deine Güte trauen wir.

Gloria

Du, unser, Gott, kommst uns entgegen.
Deine Freundlichkeit trifft auf unsere Skepsis.
Deine Güte berührt unseren Streit.
Deine Liebe überrascht unsere Resignation.
Du umhüllst uns mit Segen.

Fürbittengebet

Du, unser Gott, kommst uns entgegen.
Lass uns in diesen Tagen spüren:

Wichtiges und Wesentliches hat Vorrang.
Hilf uns, uns nicht zu verlieren
in Nebensächlichem und Belanglosem.

Du, unser Gott, kommst uns entgegen.
Stärke unser Vertrauen in dich,
damit wir uns nicht verwirren lassen
von dem, was uns blendet und verlockt.

Du, unser Gott, kommst uns entgegen.
Lass die Hoffnung in uns wachsen,
damit wir festen Grund unter den Füßen haben
und andere sich an unserer Zuversicht aufrichten können.

Du, unser Gott, kommst uns entgegen.
Mach die Liebe in uns weit,
damit wir diejenigen mit offenen Armen und Herzen empfangen,
die einen Menschen suchen, der sie achtet.

Vorschlag zur Predigt

Möglicher Anfang

Aufsehen

Advent meint nicht nur Ankunft, sondern auch Zukunft. Wie es weitergeht mit der Welt und den Menschen ist neben der erwartungsvollen Vorbereitung auf das Weihnachtsfest das zweite große Thema im Advent. Zuversichtlich und verheißungsvoll stimmt der Wochenspruch auf das ein, was wir erwarten sollen: »Seht auf und erhebt eure Häupter, weil sich eure Erlösung naht!« (Lk 21,28)

Dieser Zuruf öffnet die Augen. Ich sehe mich und viele andere mit eiligen Schritten durch die Stadt laufen: Die einen richten die Augen fest auf den Einkaufszettel und gehen in Gedanken den Weg durch, der sie am schnellsten von einem Geschäft zum nächsten bringt. Die anderen haben ein Mobiltelefon ans Ohr geklemmt, blättern womöglich noch nebenher im Kalender, um ja keine Zeit zu verlieren und schnell noch dieses und jenes abzusprechen. Wieder andere mustern im Vorbeigehen gebannt die Auslagen der Schaufenster. Und manche halten den

Blick starr auf den Boden gerichtet, um sich ihren Weg durch die überfüllten Gassen der Weihnachtsmärkte zu bahnen. Ganz mit sich und ihren Sachen beschäftigt sehen alle aus, oft mit gestresstem Blick und hochgezogenen Schultern.

Wie anders dagegen die Haltung: »Seht auf, und erhebt eure Häupter!« Mir fallen Situationen ein, in denen ich so eine Haltung an mir und anderen erlebe. Dann zum Beispiel, wenn man auf dem Bahnsteig oder am Flughafen jemanden erwartet: Aufrecht und erwartungsvoll ist der Blick und die Haltung, suchend und voller Vorfreude die Augen und das Mienenspiel. Der Liebste, die Liebste kommt, und da ist ein Recken und Strecken, sie oder ihn möglichst bald mit dem Blick einzufangen und sich zu vergewissern: Sieh, er ist endlich da!

Anschauen

Aber: Werde ich, in solchem Aufsehen und mit so geschärftem und suchendem Blick, dann nicht auch Dinge sehen, die ich nicht sehen will? Trauriges und Zerstörtes, Tränen und Mutlosigkeit, Schrecken und Leid? Der Predigttext für diesen Sonntag nimmt das auf und sagt: Es stimmt, es gibt Angst und Furcht bei den Menschen, wie das. was in der Welt passiert, zu deuten ist und wohin das alles führen soll. Aber: Nicht der Blick der Furcht will sie aufschauen und das, was ist, durchschauen lassen, sondern der Blick der Hoffnung!

Erwartungsvolles Aufschauen meint nicht: eine rosarote Brille aufsetzen und alles ein bisschen verklärter sehen, weil gerade so stimmungsvoll Advent und bald Weihnachten ist. Weder sollen wir uns blenden lassen vom schönen Schein, aber genauso wenig sollen Angst und Hoffnungslosigkeit uns den Blick verdunkeln. Vielmehr: Die Erwartung, dass der Menschensohn kommt, schafft eine andere Perspektive. Sie lässt aufschauen aus dem, was um uns herum unseren Blick furchtsam gefangen hält und richtet uns aus: aufs Hoffen, aufs Lieben, aufs Erwarten.

Die ersten Christengemeinden spürten dieses Erwarten viel existenzieller als wir das heute tun: Denn sie warteten darauf, dass Jesus wiederkäme, so wie er es verheißen hatte. Doch die Geschichte der Kirche zeigt: Man kann sich in die Hoffnung auf das Kommen Christi so eingewöhnen, dass sie die Möglichkeit des Gekommenseins fast ausschließt. Gewiss, man hofft, dass das Gottesreich dieser Welt bald ein Ende macht, aber – wenn man ehrlich ist – doch nicht so bald. Bei aller Kritik an der Welt: So schlecht ist sie doch nicht für uns, für uns, die etwas zu verlieren haben. Wer jedoch nichts zu verlieren hat, sehnt sich nach einer anderen Welt, füllt sie mit Vorstellungen und Bildern, bekämpft das, was in der Zeit und Gegenwart, die man erlebt, nicht dem dient, wie man sich das Leben und die Welt vorstellt. Darin wurzeln die apokalyptischen Vorstellungen der Bibel und ihrer Umwelt.

Aus der Zeit der frühen Gemeinde, die mit solchen bedrängenden Erfahrungen kämpfte – nach den Jüdischen Kriegen, nach der Zerstörung Jerusalems und des Tempels, in den Herausforderungen, sich in ihrer Umwelt zu behaupten – ist der Predigttext für diesen 2. Adventssonntag:
Lesung des Predigttextes Mt 24,1–14

Zum weiteren Verlauf

Die Zeichen der Zeit sind keine Anzeichen des Endes, sondern decken Missstände und Verkehrtes auf: Kriege sind Menschenwerk, nicht gottgewollt und nicht gottgemacht. Auch nicht, wenn sie als militärischer Schutz in Konfliktgebieten verstanden werden. Hungersnöte fallen nicht vom Himmel, sondern sind letztendlich das Ergebnis globalisierter Abhängigkeiten. Für Naturkatastrophen und was wir daraus lernen könnten gibt es ein kurzes Gedächtnis. Es werden weiterhin Flüsse in einen neuen Verlauf gezwungen, schützende Wälder abgeholzt, Ressourcen entnommen, die das Zusammenspiel der Naturkräfte aus dem Gleichgewicht bringen. Für Menschen, die die Welt als Gottes Geschenk und Aufgabe sehen, sind diese Zeichen der Zeit zugleich Aufgaben in dieser Zeit! …
Dabei Veränderungen voranzubringen, die dem Leben dienen, braucht einen langen Atem. Die Gefahr ist groß, dass man auf diesem Weg aufgibt. Dass die Liebe erkaltet und sich eisiges Schweigen über Missstände, Ungerechtigkeit, unsinniges Leiden, verkehrte Verhältnisse ausbreitet. Dass im Laufe der Zeit die Leidenschaft erlischt, die Hoffnung leiser, das Netz derer, die miteinander am Evangelium in der Welt festhalten, brüchiger wird. Im Advent nähren wir das Feuer der Liebe: Die Herzen sind offener, Menschen lassen sich mehr anrühren und berühren von Fragen nach Sinn und Hoffnung. Die Barmherzigkeit hat mehr Raum in diesen Tagen, das zeigt sich in vielen Spendenaktionen und Benefizveranstaltungen.

Möglicher Schluss

Adventlich leben!

Nicht aus der Furcht kommt die Kraft, anders zu leben und zu handeln, sondern aus der Hoffnung, die unserer Wirklichkeit widerspricht und sagt: Gottes Gedanken für die Menschen und die Welt sind anders. Sie sind – jetzt schon! – Liebe und Güte, Gerechtigkeit und Frieden. Denn Gott kommt zur Welt!

Erinnern wir uns an den Hoffnungsruf dieses Sonntages: »Seht auf und erhebt eure Häupter, weil sich eure Erlösung naht!« Dieser Zuruf im Advent will Angstgebeugte, Stressverkrampfte, sorgenvoll Bedrückte verändern und zu einer anderen Haltung rufen: zu einem erhobenem Haupt, zu einem erwartungsvollem Blick, zu einem freudigen Gesicht, einem wie bei Verliebten klopfenden Herzen. Man soll es uns ansehen: Wir haben etwas zu erwarten.

Ich bin sicher: Wo wir so durch die Straßen gehen oder mit der Familie am Tisch sitzen oder in Besprechungen sind, verändern sich auch die anderen um uns herum. Eine andere Haltung einnehmen heißt: sich anders verhalten. Deshalb: Lasst uns aufsehen. Lasst uns anschauen, was ist. Lasst uns adventlich leben. Amen.

Gestaltungsidee

Wann steht die Gemeinde auf? In der württembergischen Tradition nur zu Psalm, Gebet und Segen. Wo es möglich ist, könnte das heute auch einmal anders sein: Beim Singen aufzustehen, wird dem Gesang und Atem gut tun – und das Thema Haltung bewusst machen.

Kontext

Von Jakob Taubes, einem großen jüdischen Gelehrten des letzten Jahrhunderts, stammt die folgende Anekdote:

»Ein Flüchtling nach dem Aufstand in Ungarn 1956 fand bei Freunden in Wien vorübergehend Unterschlupf. Gemeinsam beriet man, in welches Land der Flüchtling emigrieren solle. Man holte einen Globus und ging viele mögliche Länder durch. Für jedes erwogene Land sprach manches, doch mindestens ebenso viel dagegen. Nach langem Diskutieren seufzte der Emigrant und fragte: ›Haben Sie denn keinen anderen Globus?‹« – Das, so Taubes, ist Apokalyptik.

3. Advent
Das Evangelium nach Lukas 3,1–14

Hans Hermann Blettgen

Exegetisch-homiltische Skizze

Predigttext: In der Übersetzung Martin Luthers (Rev. 1984) spiegelt sich treffend die kraftvolle prophetische Predigt des Täufers.

Kontext: Die Verse 1 und 2 markieren einen neuen Textabschnitt. Lukas fügt das heilsgeschichtliche Ereignis des Advents Gottes in den weltlichen Kalender ein. Seine Leser können so erkennen, dass sie der römischen Macht nicht bedingungslos ausgeliefert sind. Es gibt eine Rom relativierende Macht, die sich in der Predigt des Täufers ankündigt.
Der Textzusammenhang erstreckt sich bis Vers 22. Die Verse 15 ff. berichten vom Erfolg der Täuferpredigt, von der Taufe der vielen und von der Taufe Jesu.
Gliederung: Verse 1–6: Berufung und Auftrag des Johannes; Verse 7–9: Bußpredigt; Verse 10–14: »Standespredigt«.

Botschaft: Verse 7–9: Lukas sieht in der Zerstörung Jerusalems im Jahr 70 Gottes Zorn am Werk. Die Predigt des Täufers und die Predigt Jesu haben die »rechtschaffenen Früchte der Buße« nicht bewirkt.
Der Evangelist ruft seine Leser in traditioneller Sprache christlicher Paränese seinerseits zur Buße auf, um den »zweiten Advent« des Heilsträgers vorzubereiten. Dazu dient ihm u.a. das Bildwort von der »Axt an den Wurzeln«. Es zielt auf »radikale« (lat. radix!) Umkehr bzw. Öffnung und Hinkehr seiner Leser zum eigentlichen, Kräfte spendenden Wurzelgrund ihres Lebens, zur lebendigen Beziehungsgestaltung aus der Übereinstimmung mit sich selbst, den Mitmenschen und damit auch mit Gott bzw. mit dem Kommen Gottes.
Der Evangelist vertraut darauf, dass seine Leser im »Nein« der Bußpredigt zugleich Gottes »Ja« zu ihrem Leben erkennen. Er verweist auf

die Taufe. Durch die Taufe sind sie in den Status der »geliebten Kinder Gottes« versetzt und also in der Lage, in der Gestaltung ihrer Beziehungen, der Gottesliebe zu entsprechen und damit sein Kommen, seine Menschwerdung vorzubereiten.
Lukas sieht im Kommen Gottes eine andere, gerechtere Welt im Anbruch. Seine Botschaft: Nutzt eure Chance. Überprüft euer Verhalten. Gebt bisherige auf die alte Welt ausgerichtete Einstellungen auf. Setzt euch für die neue Welt ein, indem ihr euch auf sie ausrichtet, auf sie wartet und sie so vorbereitet. Ihr seid dazu fähig.
Verse 10–14: Die Hörer der johanneischen Bußpredigt fragen: »Was sollen wir denn tun?« Der Evangelist hofft, dass seine Leser diese Frage als ihre eigene Lebensfrage erkennen.
Etwas tun, für etwas eintreten, »pro-aktiv« (Victor Frankl) werden können, ermöglicht einen Perspektivwechsel. Es öffnet Augen, Herzen und Sinne, weckt Hoffnung. Es lässt Überzeugungen gewinnen, die dazu ermutigen, für die Veränderung scheinbar unüberwindlicher Verhältnisse, für eine andere, gerechtere und gewaltfreie Welt, m. a. W. für die Welt Gottes einzutreten.
In den Antworten, die Lukas dem Täufer in den Mund legt, spiegelt sich ein wesentlicher Aspekt der biblischen Ansichten vom Menschen: die Überzeugung und Erfahrung, dass wir auf das Zusammenleben mit unseren Mitmenschen hin geschaffen bzw. beschaffen sind. Wir leben von Anerkennung, Zuwendung; ein faires, großzügiges Gegenüber ist für uns lebensnotwendig. Spüren wir diese Art von Nächstenliebe, und zwar sowohl als Gebende als auch als Nehmende, fließen die Wohlfühlhormone. Denn: Nicht nur der, der Gutes empfängt, sondern auch der, der anderen Gutes tut, hat selbst viel davon. Nächstenliebe fördert unsere leibliche, seelische und mentale Gesundheit. M. a. W.: Leben ist zwischenmenschliches Leben, ist Beziehung, ist Austausch. »Alles wirkliche Leben ist Begegnung!« (Martin Buber) Dazu Stimmen aus zeitnaher Sicht: »Wir sind von Natur aus von den Genen bis zum Alltagsverhalten, auf Kooperation konstruiert ... Kooperation macht den Menschen zum Menschen« (Joachim Bauer/Freiburg / Lindauer Psychotherapiewochen 2007 / mdl.). Oder aus anderer Perspektive Gerald Hüther/Göttingen: »Der einzige Bedienungsfehler bei der Nutzung unseres Gehirns« ist die »Abwehr von Mitmenschlichkeit bzw. Mitgefühl« (ebd./mdl.).
Kooperation im Warten auf den Advent Gottes, im Erwarten einer an-

deren und gerechteren Welt kann heißen, Bedürftige von der Sorge um die Befriedigung elementarer Bedürfnisse an Nahrung, Kleidung etc., aber auch von der Sorge um Anerkennung in einfühlsamer und hilfsbereiter Zuwendung zu befreien. Ihre Hoffnung, ihre Freude, ihre Bereitschaft zu warten werden geweckt. Befreit erfahren sie so einen Vorgeschmack des Lebens in einer anderen und gerechteren Welt.
Kooperation kann auch heißen, sich zugunsten anderer zu beschränken. Der schamlose Egomane, der weit über das Maß seiner Bedürfnisse hinaus, gefangen in der Sucht seines persönlichen »Konsumismus« und »Kapitalismus«, den eigenen Nutzen verfolgt, ist ja mittlerweile ein immer untauglicheres Lebensmodell geworden. Kooperation kann schließlich heißen, sich um gewaltfreie Kommunikation zu bemühen.
Fazit: Gesundes, gelingendes Leben, Nächstenliebe erzeugt Wohlgefühl. Wohlgefühl, schon die Sehnsucht nach Wohlgefühl, lässt uns bereits heute etwas von der Grundstimmung in der anbrechenden, gerechteren Welt, im Reich Gottes erfahren. Wir sind Wartende, wir sind es zeitlebens. Leben im Advent ist keine Frage des Datums.

Predigtidee

Unsere Predigt sollte von dem Bemühen getragen sein, den Predigthörerinnen und -hörern im Nein des Rufes zur Buße, das Ja Gottes zu ihrem Leben »schmecken« zu lassen (Helder Camara) und sie dadurch zu der Frage zu ermutigen: Was sollen wir denn tun?
Unsere Predigt wird sich daran messen lassen müssen, ob es uns gelingt, unsere Hörer dazu zu bewegen, ihre Einstellungen, ihr Verhalten, m. a. W. ihre Beziehungsgestaltung mit dem Anbruch der anderen Welt in Einklang zu bringen. Zur Konkretion könnten wir dabei auf Jesus verweisen, in dessen Wirkbereich die Hörer durch die Taufe eingegliedert sind.
Unser Predigtziel wäre erreicht, wenn unsere Hörer sich selbst sagten: Ja, so kann ich mit meinen Mitmenschen und mit mir selbst, mit Gott leben. So fühle ich, dass ich lebe. So möchte ich leben. So lohnt es sich für alle zu leben. So hat unser aller Leben Zukunft.

Predigtthema

Mitgefühl, Güte und Großzügigkeit, Fairness sind Trittsteine auf dem Weg in eine andere, gerechtere Welt, in die kommende Welt Gottes.

Vorschläge zur Liturgie

Eingangsvotum: Jes 35,4a

Eingeständnis

Unser Gott, / fragend / wenden wir uns dir zu. / Wo ist der, / der eindeutig zu uns redet? / Wo ist der, / der die Axt an die Wurzeln unserer erstarrten Einstellungen legt? / Wo fließt das reinigende Wasser, / das uns aufleben lässt? / Wo finden wir die, / die sich durch Wüsten wagen, / um sich mit uns in den Strom der Veränderungen zu stellen? / Wir warten – / Es fällt uns schwer zu warten, / immer noch zu warten. / Wie lange noch, / Gott?

Gnadenwort: Jes 42,3

Kollektengebet

Johannes fastet, / weil er wartet, / redet, / weil er wartet, / tauft, / weil er wartet, / widerspricht, / weil er wartet, / verweist, / weil er wartet, / beschwört, / weil er wartet, / verstummt, / weil er wartet / stirbt, / weil er wartet. /

Unser Gott, / wir warten auf dein Wort, / um / wie Johannes / auf dein Kommen warten zu lernen.

Lesung: Jes 40,1–8 (9–11)

Fürbittengebet

Unser Gott, / für deine Nähe danken wir, / für den friedvollen Umgang aller mit allen bitten wir. /

Komm wieder in unsere gespaltene Welt. /

Vollende, / was du begonnen hast. /

Komm, / damit nicht länger Streit unter Zerstrittenen, / Misstrauen unter einander und gegen Fremde, / Lieblosigkeit unter miteinander

Lebenden, / Verzweiflung unter Sterbenden / und Niedergeschlagenheit unter uns herrscht. /
Komm / und befreie uns von dem, / was arm macht, / hoffnungslos, / starr, / tot. / Komm / zu uns Starken und Schwachen, / Verwöhnten und Verbitterten, / Geliebten und Ungeliebten. /
Komm, / weck' Hoffnung auf Leben. // Komm, / erneure uns und die Welt. / Komm! / Komm bald!

Lieder: EG5,1+2 Gottes Sohn ist kommen, EG 1,1–5 Macht hoch die Tür; EG 10,1–4 Mit Ernst, O Menschenkinder; EG 16,1–4 Die Nacht ist vorgedrungen; EG 13,1–3 Tochter Zion

Vorschlag zur Predigt

Möglicher Beginn

Was sollen wir denn tun? Wenn Sie schon in Gedanken damit begonnen haben, Ihre Hemden *(»Hemden«: vgl. Luthertext)* zu zählen, dann halten Sie bitte einen Augenblick inne.
Der Täufer gilt als der Bußprediger schlechthin. Sein Auftreten, seine radikale Sprache haben unsere Vorstellungen von Buße schwarz eingefärbt. Buße verbindet sich uns mit »Sack und Asche«, mit zwanghaftem, freudlosem Leben.
Adventszeit ist Bußzeit. Adventszeit ist aber auch Freudenzeit. Zeit der freudigen Erwartung von Weihnachten, der Menschwerdung Gottes – und unserer Menschwerdung.
Was sollen wir denn tun? Unsere Einstellung zur Buße überdenken und – wenn nötig – »Buße« umdenken, um die Chance zu erkennen, in Übereinstimmung mit Gott, mit unseren Mitmenschen, mit uns selbst in Frieden, also zufriedener, freudvoller, weihnachtlicher zu leben.

Zum weiteren Verlauf

Was sollen wir denn tun? Lenken wir unsere Aufmerksamkeit auf eins der augenfälligsten Worte der Bußpredigt des Täufers: »Es ist schon die Axt den Bäumen an die Wurzel gelegt …« (3,9).
Der Radikalität (lat.: radix!) des Wortes entspricht die Absicht des Täufers, seine Hörer auf die Wurzeln bzw. auf den Wurzelgrund ihres Lebens aufmerksam zu machen.

Stellen wir uns dem Wort und fragen wir uns: Worin wurzelt unser Leben? Wo liegen unsere Kraftquellen? Woher fließt uns unsere Lebenskraft zu?
Die »Axt« steht für Trennung, für Scheidung, für Unterscheidung und Entscheidung. – Sind wir dazu bereit, genau hinzuschauen und zu überprüfen, woraus wir leben, was uns Leben spüren lässt? Sind wir bereit, uns zu trennen von den Quellen, die längst ausgetrocknet sind, die unsere Lebenswurzeln haben verdorren lassen? Sind wir bereit, unser altes Verhalten, unsere alten Handlungsmuster, unsere alten Vorurteile, Redensarten und Ausreden, unser altes Besitzdenken, unseren alten Fanatismus, mit dem wir Gestriges zu rechtfertigen suchen, aufzugeben?

Was sollen wir denn tun? Noch einmal: Überprüfen wir, worin unser Leben wurzelt und suchen wir – wenn nötig – nach einem neuen, fruchtbaren Wurzelgrund.
Die Antworten des Täufers zielen auf die sozialen Kompetenzen seiner Hörerinnen und Hörer, auf ihre Fähigkeit, Mitgefühl, Güte und Großzügigkeit, Fairness im Umgang mit anderen Menschen auszuleben.
Darin spiegelt sich die biblische Einsicht, dass alles menschliche Leben Zusammenleben ist. Wir sind von der Zeugung, bzw. Empfängnis, bis hin zum Tod auf Kommunikation und Kooperation angewiesen. Erst das Zusammenleben mit anderen Menschen lässt uns die werden, die wir sind: Menschen unter Menschen. »Wir werden am Du zum Ich!« (Martin Buber) Wir sind von Gott zur Nächstenliebe geschaffen, dazu gedacht, einander das Leben zu erleichtern und zu bereichern. Wer den Menschen liebt, als der er/sie selbst, als der sein/ihr Nächster von Gott gedacht und geschaffen ist, d.h., wer in Übereinstimmung mit sich selbst und mit seinen Nächsten lebt, entwickelt eigene Möglichkeiten, lässt die Gedanken Gottes Fleisch werden, lebt Gott und liebt Gott. Er/sie folgt darin dem nach, der uns auf diesem Weg vorausgegangen ist und uns zur Liebe ermuntert hat: Ein solcher Mensch lebt und liebt in der Nachfolge Jesu Christi.

Was sollen wir denn tun? Erinnern wir uns daran, dass diese Gedanken keine einseitige biblische Ansicht sind. Sie werden im Rahmen der Neurowissenschaften z.B. von Joachim Bauer/Freiburg oder Gerald Hüther/Göttingen unterstützt. (vgl. Zitate a. a. O.)

Was sollen wir denn tun? Lassen Sie uns darüber nachdenken, wie wir Gottes Liebe durch unser persönliches Maß an Mitgefühl, an Güte und Großzügigkeit, an Fairness in unserem menschlichen Miteinander zum Ausdruck bringen können.
Dazu ist es offensichtlich nicht nötig, unseren beruflichen oder privaten Status aufzugeben. Im Text ist nicht die Rede davon, dass Zöllner oder gar Soldaten ihren Beruf aufzugeben hätten. Ebenso wenig muss unser Mitgefühl mit anderen nicht zwangsläufig unsere eigene Freude an »mehreren Hemden« einschränken. Alles, was wir fair, d.h. nicht auf Kosten anderer erworben haben, sondert uns nicht ab, macht uns nicht – biblisch gesprochen – zu »Sündern« vor Gott und unseren Nächsten. Die Frage, die sich stellt, ist vielmehr die, welchen Stellenwert wir alldem einräumen. Betrachten wir unseren Besitz, Hemden und Hosen, Möbel und Autos etc., betrachten wir unser Geld, als einen unaufgebbaren Wert an sich bzw. für uns, den wir scharf von unseren Beziehungen zu anderen Menschen trennen? Oder sehen wir unseren Besitz durch unsere Liebe zu Gott und den Nächsten als nachrangig um des vorrangigen Wertes der Liebe willen an? D.h., ordnen wir ihn unserem Mitgefühl, unserer Güte und Großzügigkeit, unserer Fairness gegenüber anderen Menschen unter, indem wir ihn mit der Einstellung des Apostel Paulus als »Haben als hätten wir nicht« betrachten? (vgl. 1 Kor 7)

Was sollen wir denn tun? Es geht in der Bedeutung der Antworten des Täufers für uns mehr um den »Geist« als um den Buchstaben. Der/die Mitfühlende, Gütige und Großzügige, Faire weiß, was in der Begegnung mit dem bedürftigen Nächsten zu tun ist. Liebe ist das zutreffende Maß. Er/sie handelt unaufgefordert und freiwillig. Dabei geht es natürlich nicht nur um materielle Hilfe. Freundliche Blicke, Gesten und Worte sind ebenso wichtig für unser Wohlbefinden. Bedürftig machen uns auch mangelnde Beachtung, mangelnde Anerkennung. Mangelnder sozialer Kontakt lässt uns krank an Leib und Seele werden.

Was sollen wir denn tun? Wir vertrauen der Chance, die der Advent Gottes uns bietet: Uns wieder hinein zu wagen in den Strom alles Lebendigen, der von der Liebe Gottes bewegt wird. Das Wasser der Taufe, Symbol für alles Lebendige, erinnert uns daran, dass wir, seine »geliebten Kinder«, in den Strom seiner Liebe eingetaucht sind. Wir sind zur Nächstenliebe befähigt und für Nächstenliebe empfänglich. Mitgefühl, Güte und Großzügigkeit, Fairness lassen unsere Wohlfühlhormone fließen. Nächstenliebe macht uns gesund an Leib und Seele. Sie stimmt uns ein auf das Fest der Menschwerdung Gottes. Sie bereitet seiner Menschwerdung, seiner Ankunft in unserer Menschwerdung den Weg.

Möglicher Schluss

Was sollen wir denn tun? Darauf vertrauen, dass wir persönlich etwas für unsere Welt bewegen können. D.h.: darauf vertrauen, dass mitmenschliches alltägliches Verhalten für die weltumspannende weihnachtliche Botschaft vom »Frieden auf Erden« Folgen hat.
Der 2007 verstorbene amerikanische Sozialphilosoph Richard Rorty gibt uns dazu einen Gedankenanstoß. Er vertrat die Meinung, dass die Zukunft der Menschheit davon abhängt, dass der Horizont unseres persönlichen Mitgefühls wächst, dass wir empfindsamer werden für die Bedürfnisse eines immer weiteren Kreises der Menschheit, dass wir uns entsprechend verhalten und mehr soziale Verantwortung und Gerechtigkeit entwickeln.
Ähnlich der Nestor der deutschen Psychoanalyse, Horst Eberhard Richter, wenn er angesichts der gegenwärtigen Weltkrise für eine »Kultur der Humanität und Fairness« eintritt.

Kontexte

Mt 6,19 ff.; 6,24; Lk 16,9; 1 Kor 7,29 ff.

4. Advent
Das Evangelium nach Lukas 1,26–38

Rike Nacken-Gröne

Exegetisch-homiletische Skizze

Immer wieder ein Problem: Die Jungfrau
Es gab und gibt viele Versuche, sich Maria gedanklich anzunähern: das junge Mädchen, die alles mehr oder weniger willenlos an sich geschehen lässt; die junge Frau, die zu Selbstbewusstsein findet und ein revolutionäres Lied anstimmt; die leidende Mutter; die Jungfrau schlechthin; die Verkörperung unterschätzter Frauen durch alle Zeiten hindurch; die Jüdin; die Projektionsfläche männlicher Sehnsucht; das weibliche Element der Gottheit u. v. m.
»Du wirst schwanger werden.« Diese Nachricht ergeht an …? Wen haben wir uns vorzustellen unter einer »Jungfrau« aus Nazareth in Galiläa? Oder doch: »junge Frau«?
Die Szene mit dem Engel und Maria ist vertraut. Gleichzeitig bleibt Maria im weiteren Kirchenjahr außen vor. So etwas wie eine ungeklärte Beziehungsgeschichte besteht zwischen der Evangelischen Kirche und Maria. Die Mutter Jesu ist eigentlich nur in der Advents- und Weihnachtszeit präsent; in den biblischen Texten und als unersetzliche Krippen(spiel)figur. Dabei ist sie Teil unseres sonntäglichen Glaubensbekenntnisses.
Die Mutter Jesu, liebevoll über das Krippenkind gebeugt, kann Eigenes anrühren, ist vertraut. Die Jungfrauengeburt dagegen ist nach wie vor ein Stolperstein, kaum nachzuvollziehen. Immer wieder erfahre ich hinsichtlich dieses Themas Ratlosigkeit in meiner Gemeinde.

Nicht in der Predigt, wohl aber in Gemeindeveranstaltungen im Laufe des Jahres sollte die Auseinandersetzung mit den gängigen theologischen Ansätzen und Schlussfolgerungen rund um das Thema »Jungfrau Maria / Mutter Jesu« ihren Platz haben. Die Predigerin sollte jedoch Rechenschaft geben können, was als eigener Hintergrund mitschwingt.

Niemand soll etwas biologisch-physikalisch für »wahr« halten, sondern die Sprache des Glaubens drückt aus, woran sich unsere Hoffnung festmacht, was mein Trost im Leben und Sterben ist. Eine »Beweisführung« für oder gegen eine Jungfrauengeburt halte ich deshalb für unangemessen. Auch wenn man davon ausgehen kann, dass Maria, Joseph, Jesus, seine Geschwister und die Urgemeinde nebst Paulus und die Gemeinden seiner Zeit von der Jungfrauengeburt nichts gewusst haben, »haben wir es hier mit einem Mythos zu tun, dessen zeugende Kraft nicht unterschätzt werden darf.« Die Hoffnungen und Sehnsüchte, die hier ausgedrückt werden, sind »nicht weniger Wirklichkeit ... als historische Vorgänge, nur in einem anderen Sinne.« (Ben-Chorin, S. 35)
Die theologische Zielrichtung ist damit aber noch nicht erfasst.
Nach Drewermann liegt uns in den ersten Kapiteln des Lukasevangeliums eine Art »symbolische Meditation über den göttlichen Ursprung eines wahrhaft königlichen Menschen« vor (S. 71 f.).

Theologische Entscheidungen
Weder die Stammbäume Jesu noch andere biblische Texte wollen Jesu Herkunft *biologisch* als von David abstammend beweisen, sondern ihn als solchen verkünden und bezeugen. Da Josef rechtlich als Jesu Vater gilt, betont Lukas dessen Herkunft Josefs aus Davids Stamm. »Damit ist auch Jesus davidischer Abstammung, und die an einen Davididen gebundenen Verheißungen können mit ihm in Erfüllung gehen.« (Radl, S. 60; vgl. auch Wolter, S. 87). Denn Lukas schreibt nicht die »Geschichte Jesu«, sondern will den Fortgang der Geschichte Gottes mit Israel und den Völkern schildern (Wolter, S. 26 ff.) Entsprechend liest und interpretiert er die von ihm zitierten Worte (und Personen bzw. Stammbäume) der Bibel Israels von Jesus Christus her und auf ihn hin.
»Sämtliche Aussagen in Lukas 1–2, die die Ankunft des Retters deuten, sind durch einen Bezug des Davidsohnes auf das Volk Israel gekennzeichnet«. Israel ist in den Kapiteln 1–2 Empfänger der Botschaft und ihm, dem ganzen Volk (Israel) wird die Freude der Engel verkündet. »Erst in dem Jubelruf der Engel (›Friede auf Erden‹, 2,14) und in dem Messiaslob des alten Simeon (›ein Licht zur Erleuchtung der Völker‹, 2,32) weitet sich die Perspektive über das Volk Israel hinaus auf die Völkerwelt.« (Osten-Sacken, Die Geburt des Messias, in: ZGP 4/2008, S. 3)

Die messianische Hoffnung hat viele nachbiblische Ausprägungen gebildet, wobei nationale und universale Hoffnungen eng miteinander verwoben waren. Gerade die Geburtsgeschichte nach Lukas »entfaltet ihren Reichtum, je mehr jenes Miteinander der nationalen und der universalen Seite des biblisch-jüdischen Messianismus und in diesem Sinne der biblische Verheißungshintergund ... wahrgenommen wird.« (Osten-Sacken, ZGP S. 3; vgl. Ben-Chorin, S. 35 f.)
Wahrscheinlich war auch Maria eine jüdische Frau und Mutter, eingebunden in das Leben ihres Volkes, in einer Zeit angespannter messianischer Erwartung, »die sich immer in Zeiten äußerer Bedrängnis steigert.« (Ben-Chorin, S. 35) Auch Simeon und Hanna stehen für die Bevölkerungsschicht, »die unter dreifachem Druck litt, unter dem römischen Imperialismus, unter der klerikalen Herrschaft der Tempelpriester und der skrupolösen Gesetzespedanterie der Pharisäer.« (Ben-Chorin, S. 36) In solchen Zeiten »mag ... jede jüdische Mutter gehofft haben, den Messias in ihrem Schoß zu tragen. ... Mit jedem neugeborenen Kind, das in den Bund Abrahams aufgenommen wurde, erneuerte sich diese permanente Hoffnung«. (Ben-Chorin, S. 35)
Die eigenen Hoffnungen, die sich mit Advent, mit Weihnachten, mit dem Kind und mit Jesus verbinden, sollten in der Predigt angesprochen und in den Horizont der biblischen Hoffnungen gestellt werden.

Der Text
Der Gruß des Engels – insbesondere die Anrede »kecharitomene« und die missverständliche Übersetzung in der Vulgata mit »voll der Gnade« – hat zu vielerlei exegetischen Diskussionen geführt. Entscheidend ist die Gnade, die Maria widerfährt, indem Gott sein Mitsein verspricht und an ihr handeln will bzw. an ihr gehandelt hat (Radl, S. 60 f.; Wolter, S. 87 f.). Der Gruß endet mit der Zusage von Gottes Mitsein, was die Anrede in die Nähe einer Erwählungsformel rückt (ebd.). Maria erschrickt nicht über das Erscheinen des Engels, sondern über das, was sie hört. Damit gibt Lukas den Worten des Engels zusätzliches Gewicht. (Wolter, S. 89)
Die Verknüpfung von Gottessohnschaft und Königtum in Ps 2,7; Ps 89,27 f.; 2 Sam 7,14 u. a. bildet den Hintergrund von Vers 32. In Bezug auf Jesus steht sie allerdings«, wie Röm 1,3 »als der wohl älteste Beleg für diese christologische Konzeption erkennen lässt« (Wolter S. 90; vgl. Radl S. 63 f.)

Vers 34: Der erste Teil der Frage *Wie wird dies zugehen?* ist nachvollziehbar, sofern er meint: »Wie kann es sein, dass gerade mir etwas so Unfassbares zugesagt wird?« In diesem Sinn ist auch heute zu fragen: Wie kann es sein, dass Gott uns Friede und Freude in diesem Kind bringt? Es geht um das Hineinfinden und Hineinhören dessen, was der Engel auch uns sagt, so dass wir in Marias Antwort einstimmen können.
Der zweite Teil (*da ich von keinem Manne weiß*) ist dagegen ein nur scheinbar naheliegender Einwand, der letztlich nicht zur Verheißung des Engels und zur Lebenssituation der vorgestellten jungen Frau passt. Der Engel behauptet nicht: »Du *bist* schwanger«; dann wäre Marias Einwand in der Tat berechtigt, da sie ja noch von keinem Mann weiß. Die Ankündigung der Schwangerschaft aber liegt in der Zukunft: »du wirst schwanger werden.« Die Erwartung einer Schwangerschaft Marias in nächster Zukunft liegt im üblichen Erwartungshorizont, zumal sie verlobt ist, also rechtlich schon als Ehefrau gilt, und in nächstmöglicher Zeit mit einer Familiengründung zu rechnen ist. Doch Lukas kann so erzählerisch das volle Gewicht der Christusaussagen zur Geltung bringen (Radl, S. 58; Wolter, S. 92). In Vers 32 f. geht es um den, dem Gott den Thron Davids geben wird. Die anklingenden Verheißungen 2 Sam 7,12 ff.; Jes 9,6 u. a. beziehen sich auf das, was aus dem Kind einmal werden wird, und auf die Zeit, die bevorsteht: die ewige Herrschaft des Königs aus Davids Stamm. Der Einwand Marias dient dazu, die Engelantwort V. 35 vorzubereiten, in der der Verheißene darüber hinaus von Geburt an durch das Wirken des Geistes als Sohn Gottes identifiziert wird.
In der sog. lukanischen Vorgeschichte weht der Geist Gottes kräftig. Elisabeth, Zacharias und Hanna werden erfüllt mit Heiligem Geist. Johannes ist voll Heiligen Geistes von Mutterleib an. Jesus aber verdankt darüber hinaus seine Existenz dem Geist Gottes, er ist aus der Kraft und aus dem Geist Gottes her ins Sein gerufen.
Die Verbindung von Jesu Gottessohnschaft mit dem Wirken des Heiligen Geistes gehört zur ältesten christologischen Tradition, als schon Paulus Jesu Einsetzung zum Gottessohn durch seine Auferstehung und Erhöhung als Werk des Heiligen Geistes deutet (Röm 1,4 u. a.; siehe Wolter, S. 93; siehe auch die Erneuerung Israels aus dem Geist, Jes 32,15).
Bei *»überschatten«* denken einige Ausleger an ein Wolke. Ben-Chorin sieht darin jedoch »das Wolkenkuckucksheim bibelfremder Exegese« (S. 32). Viel naheliegender ist es, bei Markus zu schauen: Der Geist erscheint bei Jesu Taufe in der Gestalt einer Taube. Ebenso weist die

Schöpfungsgeschichte Genesis 1,2 in einzigartiger Begrifflichkeit auf den Zusammenhang von Gottes Geist mit Schweben/Flügel hin: »... *und der Geist Gottes schwebte über den Wassern*«. Eher: »*schwang*« oder »*brütete*«, wie Buber übersetzt (nach Ben-Chorin S. 32). Das Symbol der Taube für das Wirken des Geistes liegt nahe, wie es sich später auch im Protevangelium des Jakobus zeigt (nach Ben-Chorin, S. 33). Sich im Schatten von Gottes Flügel zu bergen, ist zudem ein schönes und wiederkehrendes Bild, das aus den Psalmen vertraut ist. (Ben-Chorin, S. 36 verweist in diesem Zusammenhang auch auf das Reinigungsopfer in Form von zwei Tauben, die Maria nach der Geburt dar brachte.) Das letzte Wort in dieser Szene hat Maria, nicht der Engel. Das ist ungewöhnlich, und sicher kein Zufall (s. Wolter, S. 94). »*Es geschehe mir*« hat nichts mit passiver Duldung zu tun. So wenig, wie Glaube und Schicksalsergebenheit identisch sind. Als Antwort auf die göttliche Verheißung, also als Glaubensantwort, meint es ein Sich-Einlassen auf eine grundstürzend neue Situation und ein Sich-Wiederfinden in Zusammenhängen, die die eigene Lebensgeschichte übersteigt.
Die Situation der Geschichte (ein Gespräch zwischen zwei Personen) ist überschaubar, der Text selbst strahlt Ruhe aus. Und diesem letzten Satz, gesprochen von Maria, haftet eine meditative Melodie an. Es ist die Antwort eines glaubenden Menschen auf Gottes Verheißung.

Literatur

Schalom Ben-Chorin, Band 6, Mutter Mirjam. Maria in jüdischer Sicht, Gütersloh 2006

Eugen Drewermann, Das Lukas-Evangelium Band 1, Düsseldorf 2009

Mieke Korenhof/Rainer Stuhlmann (Hrsg.), Wenn Eva und Adam predigen. Presseverband Ev. Kirche im Rheinland e. V., Düsseldorf 1998

Peter von der Osten-Sacken, Die Geburt des Messias. Zum biblischen Hintergrund von Heiligabend; in: ZGP 4/2008, S. 3 f.

Walter Radl, Das Evangelium nach Lukas Erster Teil, Freiburg i. Br. 2003

Dorothee Sölle, Maria. Eine Begegnung mit der Muttergottes, 2005

Michael Wolter, Das Lukasevangelium; Handbuch zum NT Bd. 5, Tübingen 2008

Predigtidee

Jenseits biologischer Erwägungen die Erzählung transparent machen für heutige Glaubenserfahrungen, die biblischen Bilder und Traditionen statt in ihrer heutigen Problematik in ihrer *Schönheit* zum Leuch-

ten bringen – das wäre mein Wunsch. Und dass deutlich wird, um was und um wen es eigentlich geht in der Verkündigung des Engels: um die Geschichte Israels und den messianischen König Israels, der von uns, den Völkern, als Heiland geglaubt und bekannt wird.
Das Wunder, dass dieser aus Nazareth der Christus für uns ist, den Gott für uns »bereitet« hat, lässt sich nur glaubend fassen. Glaube braucht Bilder, Symbole und eine Sprache, die nicht beweist, sondern einweist in und hinweist auf das Wunder der Wege Gottes mit uns Menschen, die höher sind als unsere Wege.
In unserer Sprache ist die jungfräuliche Geburt zu einem Bild geworden, das selbst einer »Einweisung« bedarf, um sie als Ausdruck meines Glaubens – an Christus! – zu erfahren.
Wege aufzeigen, wie ein eigenes Bekenntnis wohl lauten könne, welche Sprachbilder uns erscheinen, auch dazu könnte eine Predigt zu diesem Text helfen.
Annähern kann ich mich dem Text auf der Ebene dessen, was ein Kind im glücklichen Fall den Eltern bedeutet: ein wunderbares Geschenk; ein Geschenk Gottes an uns. Meine Hoffnung, dass im Letzten hoffentlich jeder Mensch gewollt und liebevoll von Gott ins Sein gerufen und gehalten wird, geht in dieselbe Richtung.
»Wer immer beschreiben möchte, was ein Mensch wesentlich ist, der darf ihn nicht ›definieren‹ als das bloße Kind seiner Eltern.« (Drewermann, S. 73)

Predigtthema

Wunderbare Schwangerschaft. Von Menschen- und Gotteskindern.

Vorschläge zur Liturgie

Kyrie-Gebet

Du Gott im Kommen,
wir möchten noch so viel tun, haben uns wie immer zu viel vorgenommen,
um uns auf Weihnachten vorzubereiten.
Du Trost der Welt, der Advent ist schon fast vorbei,

und auch das, was wir uns von dieser Zeit gewünscht haben.
Du Licht im Dunkel, komm in unsere Adventszeit,
lass dir unsere hilflose Art der Vorbereitung gefallen.
Komm zu uns, wie der Engel zu Maria,
und überrasche uns mit einem Wort, das uns anrührt.
Komm zu uns und öffne unser Ohr und Herz für das,
was du beginnen willst bei uns.

Zuspruch: Seht auf und erhebt eure Häupter, weil sich eure Erlösung naht. Lk 21,28b

Lesungen: Mt 16,13–16 und Lk 1,26–38

Fürbittengebet

Du Anlass zum Wundern und Warten,
wir wollen glauben, dass du uns entgegenkommst.
Du weißt, wie befrachtet die Adventszeit ist
mit Erinnerungen, mit Sehnsucht.
Wir beten für die, die gerade in dieser Zeit nicht wissen,
wohin mit sich,
die sich verloren fühlen im Trubel der Stadt
und im Geplärr der Weihnachtslieder,
dass sie einen Ort finden,
wo sie ankommen können.
Komm allen entgegen,
die sich am Ende fühlen:
den Weinenden, den Verzweifelten, den Müden,
denen, die kaum Kraft zum Atmen finden,
die um einen Menschen trauern.
Komm allen entgegen,
die das Leben erschöpft hat,
~~die nur glauben können, was sie sehen,~~
den Verbitterten, denen, deren Herz hart geworden ist.
Und die Menschenschlächter, die Kriegsgewinnler,
die Raffgierigen, die Tyrannen auf Erden
lass nicht länger gewähren,
tritt ihnen machtvoll in den Weg
und bringe sie dahin, wieder Menschen zu werden,

Menschen, die deinem Bild entsprechen.
Uns aber lass beherzt eintreten für Recht und Gerechtigkeit.
Und halte unsere Sehnsucht wach,
gib uns den Mut, unsere Sprache
mit Bildern der Hoffnung zu beflügeln,
dass wir dein Wort, dass wir Engelworte
in unseren Worten aufspüren.
Und dann lass es Weihnachten werden.
Komme zu uns, in diesem Jahr
und allen Zeiten unseres Lebens.

Lieder: EG 17 Wir sagen euch an den lieben Advent; EG 4 Nun komm, der Heiden Heiland; EG 7 O Heiland, reiß die Himmel auf; EG 19 O komm, o komm, du Morgenstern; EG 13 Tochter Zion, freue dich

Vorschlag zur Predigt

Möglicher Anfang

Das erste Mal das Neugeborene hören, spüren, anschauen. Das, was sich da monatelang im Bauch regte. Das Runzeln der kleinen Stirn, das erste Blinzeln der Augen, die ersten ungeübten Laute. Viele Mütter und Väter sind zutiefst bewegt. Der Wunsch so vieler Mütter und Väter weltweit, die ein Herz haben, das fühlt und der Liebe fähig ist: »Möge es dir, kleines Wesen doch gut gehen«. Die Sehnsucht, dass es eine friedliche, wohlmeinende Welt sei, gerecht, einfühlsam. Ein Wunsch, der für mich allein, in einer Erwachsenenwelt, völlig unrealistisch ist. Und doch bleibt sie mir, die Sehnsucht; sie regt sich, wenn ich geliebte Menschen anschaue. Was ich für mich kaum hoffe, ich sehne es doch zutiefst herbei, und sei es im Anblick eines Neugeborenen. So ein kleines Menschenkind soll, darf einfach keinen Krieg und Hunger und Katastrophen erleben, keine Gewalt und keinen Hass. Dann weiß ich wieder, was der Engel sagt: »Nichts ist bei Gott unmöglich. Kein Ding, kein Wort.« Darin verbirgt sich alles Hoffen und Sehnen (und Lieben).
Wenn wir uns etwas von diesem Angerührtsein bewahren, dann müssten wir uns nicht wehren gegen die tiefsinnigen Engelworte von Geist und Kraft Gottes und der Jungfrau; dann hätten wir nämlich Ahnung,

eine Ahnung von dem, was Engel reden und wie in diesem Jesus Gott für uns ist.
Eine Ahnung, dass es wunderbare Geburten gibt und Wunschkinder, die Gott uns schenkt.
Lesung des Predigttextes

Maria. Sie bringt den Gottessohn zur Welt. Gott selbst in diesem Menschen. Das ist uns zu hoch, menschliches Verstehen nützt nichts.
»Wie kann das vor sich gehen?« Das fragt Maria, das fragen wir bisweilen auch.
Der Engel sagt: »Durch Gottes Geist. Bei Gott ist kein Ding, kein Wort unmöglich«. Was Gott verspricht, das ist wirksam und wirklich. Dabei interessiert mich nicht, wie Gott etwas biologisch möglich macht. Es geht um Sehnsucht. Um das, was eigentlich nicht sein kann, aber hoffentlich auf eine verborgene Weise dennoch wahr ist und wahr wird: Dass diese Welt nicht sinnlos, zufällig und Spielball meist tödlicher Mächte ist und für immer bleiben muss.
An dieser Stelle folgen eigene Beispiele und Konkretionen, z. B.:
– So, wie ich hoffe, dass jeder Mensch im Letzten gewollt und liebevoll ins Leben gerufen wird; dass in diesem einen, Jesus Christus, uns wirklich Gott begegnet, uns nahe ist und uns auf allen Wegen begleitet.
– Jesus, Gottes Sohn, gezeugt vom Heiligen Geist. Himmel und Erde berühren sich – hoffentlich! Himmel und Erde berühren sich in Nazareth, Himmel und Erde berühren sich in einem stinknormalen Ort wie Delmenhorst oder Osterholz-Scharmbeck – hoffentlich! Himmel und Erde kommen sich nahe bei und in Maria, einer normalen jungen Frau. Und auch in und bei uns. Hoffentlich!

Zum weiteren Verlauf

– In der Lesung eben haben wir gehört, dass Jesus seine Freunde fragt: »Was sagen die Leute über mich? Was denken sie, wer ich bin?« Und die Jünger erzählen es. Dann werden die Freunde selbst gefragt: »Und ihr? Und wer sagt ihr, dass ich sei?«
Hier kann eine stille Phase mit dem Angebot erfolgen, Eigenes zu notieren: »Wer ist Jesus für mich? Welche Worte, Beschreibungen fallen mir ein?« Es kann aber auch aus eigenen Erfahrungen erzählt werden, sofern sie vorliegen:
Ich habe das in meiner Gemeinde, im Gottesdienst gefragt. Es gab eine

Zeit der Stille, Papier und Stift. Am häufigsten wurde als persönliches Bekenntnis geschrieben: »Jesus ist Gottes Sohn«.

– Jesus ist Gottes Sohn, der mir einen Zugang zu Gott verschafft.

– ein Freund, der immer für mich da ist.

– Gottes Sohn, der für uns Menschen eintritt und für mich durch den Tod gegangen ist.

– Ich glaube, dass Jesus immer bei uns ist und lebt.

– Er wurde von Gott auf die Erde gesandt, und in Jesus ist Gott als Mensch zu uns gekommen.

– In Jesus Christus ist Gott uns ganz nahe, auch, wenn wir sterben.

– Er hat den Tod überwunden. Gott hat ihn vom Tod auferweckt. Darum wissen wir, dass der Tod am Ende nicht alles ist.

Auch Petrus sagt auf Jesu Frage: »Ich glaube, Du bist der Sohn des lebendigen Gottes.« Aber davor steht: »Du bist der Christus.« Christus, das ist für uns einfach Teil von Jesu Namen. Doch es meint den König Israels, von Gott eingesetzt.

»Du bist Christus«. Petrus sagt damit genau das, was der Engel zu Maria sagt: Du bist *der* Verheißene schlechthin, der Messias aus dem Haus Davids; der die Herrschaft der Römer beendet und Gottes Friedensreich bringt, Erlösung für Israel, Gottes Willen durchsetzt vor den Augen aller Völker, Gerechtigkeit von Gott her durchsetzt als Gottes Stellvertreter auf Erden, als Sohn Gottes.

»Sohn des lebendigen Gottes«, damit schließt Petrus sein Bekenntnis. So verbindet sich unser Bekennen mehr als zweitausend Jahre später mit dem Bekenntnis des Petrus und der Ansage des Engels an Maria.

– Manchmal verstehe ich, was da gehofft, gesehnt, geglaubt wird; stimme von Herzen ein auch in unser Glaubensbekenntnis.

– Nicht nur Petrus, nicht nur Lukas, nicht nur die alten Kirchenväter, die unser Glaubensbekenntnis formuliert haben, sondern jede Generation und auch wir dürfen *eigene* Sprachbilder und Bekenntnisse finden, die von Herzen kommen.

– Maria hat auch nicht überschauen können, was genau das alles bedeutet, was der Engel sagt; was da beginnt mit und in ihr. Aber sie hat im richtigen Augenblick »Ja« gesagt.

Möglicher Schluss

Die Geschichte von Maria und dem Engel erzählt davon, dass dieser Jesus ein ganz besonderes Geschenk Gottes an uns, an alle Menschen, ist. Das Geschenk der Hoffnung. »Mir geschehe nach Gottes Wort« – wie schön wäre das! Wenn mir, wenn uns nach Gottes Wort geschähe, dann wären wir hinein genommen in Gottes Geschichte, die Himmel und Erde zusammen hält und zusammen bringt und heilt.

Es gibt Augenblicke, da weiß ich wieder, was der Engel sagt: »Nichts ist bei Gott unmöglich. Kein Ding, kein Wort.« Darin verbirgt sich alles Hoffen und Sehnen (und Lieben).
Da habe ich eine Ahnung, dass es wunderbare Geburten gibt und Wunschkinder, die Gott uns schenkt; eine Ahnung von dem, wie in diesem Jesus Gott uns nahe kommt.
Uns geschehe nach Gottes Wort – in diesen weihnachtlichen Tagen und darüber hinaus.

Gestaltungsidee

Als Predigtschluss könnte von einer anderen Stimme dieser Text gesprochen werden:

Advent
Bereite dich zu
mein Herz
für die große Freude

Bereite dich vor
schwesterliche Seele
auf die erfüllten Stunden

die immer nur Augenblicke sind
im Zeitstrom
der Erwartung

die aber einmal einmünden
in das Meer
der Erfüllung

Christel Voß-Goldstein, (Hrsg.) Abel, wo ist deine Schwester? Patmos Verlag, Düsseldorf, 2. Aufl. 1988, S. 62

Symbole, Aktionen

Um eine Hilfestellung für eigenes Bekennen zu geben und von dort eine Brücke zu den biblischen Sprachbildern der Geistempfängnis und Jungfrauengeburt zu bauen, kann über die Frage Jesu in Mt 16,15 »Und was denkt ihr, wer ich sei?« ein Angebot nach der Lesung oder während der Predigt gemacht werden. Zettel und Stifte werden dazu schon zu Beginn des Gottesdienstes verteilt. Es können Erwartungen, Hoffnungen, die mit Jesus, mit Advent und Weihnachten verknüpft sind, notiert werden. Diese werden in Körben gesammelt, auf den Altar gestellt und von einer Lektorin vorgelesen und einiges davon in der Predigt aufgenommen. Entsprechende Äußerungen können in die Fürbitte aufgenommen werden. Statt Zettel können es auch feste, farbige Kartonstücke sein, die Heiligabend in den Weihnachtsbaum der Kirche gehängt werden können.
Voraussetzung ist, dass die Anwesenden mit solchen Aktionen vertraut sind und die Durchführung sich gut in den Ablauf einfügt und die gottesdienstliche Atmosphäre bereichert statt unterbricht oder stört.

Der folgende Text von Huub Oosterhuis kann entweder nach der Eingangsmusik gelesen werden, danach als erstes Lied EG 7 (O Heiland, reiß die Himmel auf), oder er beschließt den Gottesdienst nach dem Segen, dann ist EG 7 das Schlusslied.

Zerreiß die Wolken und komm
Zu dir führt meine Sehnsucht.
Ich bin mir deiner sicher.
Würdest du mich je beschämen?

Sende dein Licht und deine Treue.
Auf deinem Weg lass mich gehen.
Es gebe dein Name mir Kraft.

Wende den Lauf des Schicksals.
Wende mich um, auf dich hin.
Mir geschehe dein Wort.

Zerreiß die Wolken und komm.
Huub Oosterhuis, Dein ist die Zukunft, Verlag Herder, Freiburg i. Br. 1992, S. 33

Heiliger Abend
Das Evangelium nach Johannes 3,16–21

Christian Schwarz

Exegetisch-homiletische Skizze

Heiligabend – der Fall der Fälle. Eine Deklination in elf Fällen:
Der Heiligabend ...
(vermeintlicher) *Rückfall* in vermeintlich goldene Zeiten, als noch alle Schichten und Milieus die Kirchenbank drückten?
(peinlicher) *Reinfall,* weil die ausgeteilten Kerzen nicht reichten?
(massenweiser) *Einfall* der »Festtagskirchgänger« (Gerhard Rau) und
(tolerierter) *Ausfall* aller liturgischen und homiletischen Sicherungen zugunsten der emotional bedürftigen, aber gottesdienstlich weitgehend ungeübten Gemeinde, will heißen:
(sträflicher) *Abfall* vom orthodoxen Gottesdienst und gleichzeitig
(verhängnisvoller) *Kniefall* vor den Bedürfnissen des ›Marktes‹, dessen ›Kunden‹ kirchlichen ›Service‹ auch ohne Mitgliedschaft unbefangen in Anspruch nehmen?
(jährlich wiederkehrender) *Unfall,* insofern absehbar, aber sich manchmal – je nach Vorbelastung (»Es heißt immer, vor Heiligabend stirbt niemand, warum habe ich dann noch zwei Beerdigungen?!«) – zum GAU steigernd?
(glücklicher) *Zufall,* der mir so viele ›zuführt‹, wie ich sie sonst nie vor die ~~Flinte~~ Kanzel bekomme?
(seltener) *Glücksfall* für alle, die gern ins Gewühl eintauchen und ihr volkskirchliches Credo stolzgeschwellt vor sich her tragen?
(problematischer) *Zwischenfall,* weil die Orgel bei »Stille Nacht« verstummte (der spätere Sachverständigenbericht ließ offen, ob es sich um ein technisches Problem oder Sabotage seitens des Organisten handelte, der zuvor Dritten gegenüber geäußert haben soll, dieses Lied spiele *er* (!) nicht)
(galoppierender) *Verfall* des christlichen Abendlands, weil selbst ein

Vorzeigeprotestant wie Peter Hahne »Vom Himmel hoch« nur im Ausschlussverfahren als Lutherlied identifizieren kann (Quizsendung Dezember 2009 im ZDF)?

Heiligabend. Hin- und hergerissen zwischen Möglichkeiten und Fragwürdigkeiten, zwischen Phrasendreschen und Tiefergehendem, zwischen guter Miene nach außen und Frust nach innen, zwischen dem Wunsch, mehr als Belangloses zu sagen, und der Einsicht, dass das Zeitfenster eng und der Spielraum begrenzt sind. Klar ist immerhin: der Raum predigt mit, die Temperatur (!) predigt mit, der Messner am Eingang samt den Platzanweisern predigt mit, die Musik predigt mit, das Krippenspiel (so eines aufgeführt wird) predigt mit – das klassische Gesamtkunstwerk.

Und auch die Bibel predigt mit – Gott sei Dank! Auch wenn Joh 3,16–21 nicht unbedingt in der Luther-Übersetzung kommen sollte. Schleierhaft, wie man (?) 1984 noch so übersetzen konnte: »Also hat Gott die Welt geliebt, dass er seinen eingeborenen Sohn gab«. Also *hat* Gott die Welt geliebt oder hat er sie *nicht* geliebt? Und warum war sein Sohn ein *Eingeborener?* Müßig, darüber zu lästern. Und doch: Wer es nicht kennt und besser weiß (wie nicht wenige an Heiligabend), ist an der falschen Stelle irritiert, deshalb mein Vorschlag, die Einheitsübersetzung (ohne das rückverweisende »Denn« zu Beginn – denn kein Text beginnt mit »Denn«!) zu verwenden: »Gott hat die Welt so sehr geliebt, dass er seinen einzigen Sohn hingab, damit jeder, der an ihn glaubt, nicht zugrunde geht, sondern das ewige Leben hat.« Für meine Begriffe unnötig frei übersetzt die Gute Nachricht Bibel (1997): »Gott hat die Menschen so sehr geliebt, dass er seinen einzigen Sohn hergab. Nun werden alle, die sich auf den Sohn Gottes verlassen, nicht zugrunde gehen, sondern ewig leben.«

Joh 3,16 ist einer der Schlüsseltexte evangelikaler Schriftauslegung. Zum einen deshalb, weil mit der Gabe Jesu (gen. obj.; im Urtext steht freilich nur »geben«, nicht »hingeben«) sofort der Kreuzestod assoziiert wird, zum andern weil evangelikale Glaubens- und Entscheidungsforderung gut mit der etwas manichäisch anmutenden Beschreibung im Folgenden zusammengeht. Ausdrücklich wird hier der doppelte Ausgang betont: Glaube und Rettung oder Nichtglaube und Verurteilung (3,18). Nicht konform zur gängigen evangelikalen Auslegung ist andererseits die johanneische Interpretation von Gericht: Das Gericht besteht darin, dass Menschen angesichts des kommenden Lichts (Jesus) sich diesem nicht zu-, sondern abwenden und damit auf der ›Schattenseite‹ des Lebens bleiben (vgl. Joh 1,5). Gericht also nicht als damnatio, sondern als Selbstüberlassung: der Mensch, der meint, ohne göttliches Licht auskommen zu können, wird sich selbst überlassen, und damit dem Schatten. Die Strafe ist nichts, was hinzukommt oder ihm etwas nimmt. Die Strafe besteht darin, dass er bleiben darf (!), wie und wo er ist.

Der hermeneutische Schlüssel für den gesamten Text liegt m. E. in 3,17: »Gott hat seinen Sohn nicht in die Welt gesandt, damit er die Welt richtet, sondern damit die Welt durch ihn gerettet wird.« Damit wird ein Gerichtsgedanke abgewehrt, der göttliches Eingreifen primär als Strafen und Zerstören begreift. Für Johannes ist die Sendung Jesu das Gericht: heilsames, gnädiges, lichtvolles und von göttlicher Liebe gesteuertes Wirken des Vaters mitten in eine Welt hinein, in der viele zwischen Licht und Dunkel hin- und hergerissen sind.

Manichäische Weltsicht (Licht – Dunkel; gute Taten – böse Taten; Rettung – Verurteilung) spricht bei aller Problematik menschliche Tiefenschichten an und hat den Stoff für unzählige Werke in Film und Literatur geliefert. Auch die Adventszeit arbeitet erfolgreich mit diesem Denken, und in nicht wenigen Kirchen wird an Heiligabend die gesamte Beleuchtung gelöscht, bevor dann nach und nach die Kerzen entzündet und »O du fröhliche« oder ein anderes Lied intoniert wird. Der Gottesdienst greift die Lichtmetaphorik auf und formuliert den Dualismus um zur nicht ganz so manichäisch akzentuierten Formel »Dem Licht mehr glauben als der Finsternis«.

Predigtidee

Die Menschen in der Weihnachtsgeschichte zeigen uns, was glauben heißt.

Predigtthema

Dem Licht mehr glauben als der Finsternis.

Vorschläge zur Liturgie

Einleitung

Heiligabend – was wäre er ohne die uralten Melodien, die vertrauten Düfte zu Hause, ohne die überfüllte Kirche und Kerzenschein am Christbaum?
Heiligabend – was wäre er vor allem ohne unsere Sehnsucht, immer wieder neu:
die Sehnsucht, heimzukommen,
ins Licht zu kommen
seine Wärme zu spüren
und zu ahnen:
Es gibt mehr und Größeres,
als uns bewusst ist.
Willkommen zum Gottesdienst an Heiligabend!

Eingangsgebet

Du heiliger Gott,
mit deiner Liebe und deinem Licht
kommst du zu uns
und suchst unser Herz.
Ob wir nah bei der Krippe stehen
oder entfernt sind:
Für dich ist kein Weg zu weit,
kein Herz zu verschlossen.
Berühre uns mit deinem Licht und deiner Liebe,
erfülle uns mit der Freude,
die aus der Höhe kommt und bis in die Tiefe reicht,
dass wir dich finden
und uns von dir finden lassen.

Lesung: Lk 2,1–20

Fürbittengebet

Gott, dein Licht leuchtet in dieser Welt,
dafür danken wir dir an Weihnachten!
Dein Sohn Jesus Christus hat uns deine Liebe gezeigt,
dafür preisen wir dich!

Wir bitten dich für alle Menschen, die Liebe und Licht entbehren, die niedergeschlagen, verzweifelt oder mutlos sind. Erhelle mit deinem Licht und deiner Liebe ihr Leben.
Wir rufen zu dir: Herr, erbarme dich!

Wir bitten dich für alle,
die heute Abend nicht genug zu essen bekommen,
die im Kalten sitzen,
die kein Dach über dem Kopf haben,
die um ihr Leben fürchten müssen.
Lass Frieden und Gerechtigkeit wachsen auf dieser Welt und uns dazu beitragen.
Wir rufen zu dir: Herr, erbarme dich!

Wir bitten dich für uns alle,
die wir heute Weihnachten feiern:
dass wir Frieden erleben in unseren Familien,
Erholung finden, uns aneinander freuen können
und dir begegnen in diesen Tagen.
Wir rufen zu dir: Herr, erbarme dich!

Dein Licht scheint, du großer Gott.
Dafür loben wir dich, den großen Gott, und deinen Sohn Jesus Christus, durch den Heiligen Geist.

Lieder: Eingangslied: EG 24,1–4 Vom Himmel hoch, da komm ich her; Lied vor der Predigt: EG 48,1–3 Kommet, ihr Hirten; Predigtlied: EG 45,1–4 Herbei, o ihr Gläubgen; Schlusslied: EG 44,1–3 O du fröhliche

Vorschlag zur Predigt

Möglicher Anfang

Dem Licht mehr glauben als der Finsternis – das ist Weihnachten.
Dem Licht, das Gott am Anfang aller Zeit von der Finsternis schied. Dem Licht, das er in tausenden von Jahren seinem Volk immer wieder geschenkt hat. Dem Licht, das er auch in unser Leben gebracht hat. Dem Licht schließlich, dem er ein für allemal einen Namen gegeben hat, einen menschlichen noch dazu: Jesus.
Diesem Licht »Jesus« können wir mehr glauben als der Finsternis – die Weihnachtsgeschichte selbst erzählt uns, was das bedeutet.

Zum weiteren Verlauf

Sich auf den Weg machen, den Engeln vertrauen und das Licht suchen und sich seinem Glanz aussetzen, so wie es die Menschen in der Weihnachtsgeschichte tun:

- die Hirten, die ihre Herden im Stich lassen und eine Bestrafung riskieren, um den König der Welt zu sehen;
- die Weisen aus dem Osten, die einen langen Weg in Kauf nehmen, um dem geheimnisvollen Stern zu folgen;
- Maria, die alles, was passiert, in ihrem Herzen bewahrt, weil sie weiß: es ist ein großes Geschenk, das sie erleben darf;
- Josef, der dem Engel gehorcht, der ihm im Traum erscheint, und mit Maria und dem Kind nach Ägypten flieht.

Sie alle vertrauen dem Licht, sie machen sich auf einen inneren und äußeren Weg mit Gott und werden zu Jesus geführt.
Es gibt aber auch Menschen, die nichts vom Licht wissen wollen,
weil sie gelernt haben, ohne Licht zu leben;
weil sie gar nicht mehr daran glauben, dass es noch Licht gibt;
weil ihnen die Dunkelheit interessanter vorkommt als ein Leben im Licht;
weil ihnen noch niemand glaubwürdig vom Licht erzählt hat.
In der Weihnachtsgeschichte gibt es nur einen, der sich vor dem Licht abwendet, die Hände vor's Gesicht schlägt und das Licht sogar austreten will: der König Herodes. Er hat Angst, dass er mit seinem Licht dann gar nichts mehr gilt, wenn das große Licht erst einmal hell aufstrahlt.

Und vielleicht haben manche Menschen bis heute genau davor Angst: dass sie selbst nichts mehr gelten, wenn Gottes Licht in ihrem Leben aufstrahlt. Dabei können sie gerade in diesem Licht endlich einmal sie selbst sein, ohne künstlich etwas aus sich machen zu müssen. Und dürfen gespannt sein, was Gottes Licht und Liebe aus ihnen machen ...
Gott – so heißt es im Johannesevangelium – schickt seinen Sohn nicht, um die Welt zu verurteilen, sondern um sie zu retten.
Bei Gesprächen habe ich hin und wieder den Eindruck, dass manche Menschen sich auch heute noch Gott als Polizisten vorstellen, der nur darauf aus ist, uns nachzuweisen, was wir alles falsch machen und wo wir schuldig werden.
Aber Gott will retten, aufbauen, helfen, heilen.

In der Weihnachtsgeschichte sehen wir das wieder:
Die Hirten, die damals so viel Ansehen hatten wie heute die Jugendlichen, die mit Bierkästen durch die Straßen ziehen – sie werden als erste verständigt und sind neben Maria und Josef die ersten, die das Jesuskind zu Gesicht bekommen. Wie müssen die sich gefühlt haben! Viel, viel besser, als wenn einen die Lehrerin vor versammelter Klasse für eine endlich mal gelungene Arbeit lobt!- Gott baut auf – er macht uns nicht fertig.
Die Weisen aus dem Osten: Gott führt sie zu ihrem Ziel und zeigt ihnen gleichzeitig: Ihr dürft den künftigen König nicht in den Palästen und Königshäusern suchen – mein König wird anders herrschen – durch Güte, Liebe und Freundlichkeit, nicht durch Soldaten, Krieg und Gewalt. – Gott baut auf – er macht uns nicht fertig.
Und Maria und Josef: fern der Heimat sind sie gestrandet, und jetzt noch die Geburt; aber auf einmal ist der Stall voll, und wildfremde Menschen kommen auf sie zu und freuen sich mit ihnen. – Gott baut auf – er macht uns nicht fertig.
Das alles bringt das göttliche Licht zustande. Und auch wir könnten Geschichten von dem erzählen, was das göttliche Licht in unserem Leben schon zustande gebracht hat. Ob wir seine Wärme nun spüren oder ob wir den Eindruck haben, gerade eher auf der Schattenseite zu stehen.

Möglicher Schluss

Für einen Augenblick stellen wir uns vor, dass wir jetzt im Stall von Bethlehem sind und dieses Licht zu uns herein kommt. Ich lade Sie/euch ein, die Augen zu schließen ... und sich diesem Licht zuzuwenden und seine Wärme im Gesicht zu spüren, egal, ob da mehr Licht oder Schatten war in letzter Zeit. Jesus Christus, das Licht der Welt, ist für dich gekommen. Lass zu, dass dich seine Liebe berührt.

Gestaltungsidee

Siehe möglicher Abschluss der Predigt. Dieser Schluss kann durch die folgende kleine Meditation verlängert werden.

Ins Licht –
das möchte ich.
Eine Ahnung davon ist in mir,
was es bedeutet,
im Licht zu sein,
mit dir, Gott, auf Du und Du
mit mir und der Welt im Frieden zu sein.

Wo sonst kann ich mich fallen lassen?
Wo sonst soll ich heil werden?

Dein Licht ist da
und deine Liebe.

Ich spüre seine Wärme,
spüre,
wie die Finsternis zurückweicht
und alles in mir durchflutet wird
von deinem Licht
von deiner Klarheit

Du bist das Licht der Welt
und in mir leuchtet es.

Symbole, Aktionen

Was die Menschen aus der Weihnachtsgeschichte zu sagen haben, könnten einzelnen Sprecherinnen und Sprechern in den Mund gelegt werden. Falls es ein Krippenspiel gibt, könnten Akteurinnen und Akteure von dort gewonnen werden.

Dankbar wäre auch, die Kirche vor der Lichtmeditation ganz zu verdunkeln, eine Kerze auf den Altar oder in die Mitte zu stellen und von dort aus dann das Weihnachtslicht zu entzünden und weiterzugeben.

Kontext

Du sagst,
du spürst so wenig vom Licht,
das Dunkel ist stärker.

Du sagst,
deine Unruhe ist zu groß
die Anspannung zu stark, um loszulassen.

Du sagst,
es gewinnen doch immer nur die Abzocker
wer nach seinem Gewissen lebt, gehört zu den Verlieren.

Du sagst,
du findest in deinem Leben Gott nicht,
er hat sich schon längst aus dieser Welt verabschiedet.

Du sagst,
deine Kraft ist zu klein,
du versuchst es immer wieder, aber was ändert sich schon?

Ich aber sage dir:
Auf dem Grund deines Herzens
brennt die Flamme,
die Gott schon längst entzündet hat.

Auf dem Grund deines Herzens
findest du Gottes Geschenk an dich:
Jesus Christus,
dein Licht,
unser Licht.

Und das bisschen Glut,
das er findet
bei dir,
reicht ihm.
(Christian Schwarz)

Einleitungsteil mit Kindern
Heiliger Abend

Oliver Böß

Leitmotiv: Die Menschwerdung Gottes

Psalm: Ps 96 (EG); für weniger geeignet halte ich Psalm 2 (EG)

Lesung: Lk 2,1–14

Besondere Aktion

Ein kleines Krippenspiel der Kinder, das ohne allzu große Vorbereitung aufgeführt wird (man müsste lediglich die Requisiten organisieren und evtl. Rollen vorher aufteilen) und in der Zahl der Teilnehmenden relativ flexibel ist (bestimmte Rollen wie Ochs und Esel sind verzichtbar, auch die Passage mit den Magiern könnte bei zu geringer Kinderzahl weggelassen werden; Schafe und Engel kann es beliebig viele geben) könnte so aussehen:

Die teilnehmenden Kinder versammeln sich am Eingang / in der Sakristei. Sie befolgen das, was ein/e Sprecher/in (Pfarrer/in?) im Altarraum (bzw. auf der Bühne, die schon etwas Platz für die folgende Aufstellung der Kinder bieten muss) sagt. Auf dem Boden der »Bühne« liegt eine Decke.

Sprecher/in: Zu Weihnachten und zur Weihnachtsgeschichte gehört eine Krippe, wie sie viele von uns zu Hause haben. Mit Figuren. Hier vorne, da soll jetzt auch eine Krippe entstehen, eine lebendige Krippe. Ich versuche die 'mal mit Hilfe der Kinder aufzubauen. Aber dazu muss man die Weihnachtsgeschichte kennen. Deshalb lasst mich mal überlegen, was alles zu einem schönen Krippenbild gehört.

Also als allererstes würde ich – nein, nicht Maria und Josef, ich würde den *Wirt* als allererstes hier vorne hinstellen *(ruft bzw. holt den Wirt nach vorne, platziert ihn links neben die Decke)*. Denn was wäre, wenn man die Rechnung ohne den Wirt gemacht hätte? Immerhin gab es ja

einen, der wenigstens seinen Stall zur Verfügung gestellt hat. Und das war damals in Bethlehem ja besser als überhaupt nichts; die Häuser waren alle belegt, weil so viele Menschen im Ort waren, um sich zählen zu lassen. Deshalb sind ja auch Josef und die schwangere Maria nach Bethlehem *(Josef und Maria, evtl. mit Puppe unterm Bauch versteckt, kommen nach vorne und setzen sich auf die Decke)*. In dem Stall war es natürlich alles andere als gemütlich, ach ja, *Ochs und Esel* waren ja auch dort zu Hause *(Ochs und Esel stellen sich rechts neben die Decke)*. Und dann geschah es: In dieser heiligen Nacht kam unser Heiland zur Welt *(Puppe wird hervorgebracht, Maria hebt sie kurz hoch und nimmt sie dann in den Arm)*. Der Stall bekam in dieser Nacht aber noch mehr Gäste: *Hirten* eilten mit ihren *Schafen* herbei *(Hirten knien sich links und rechts vor dem Heiligen Paar, die Schafe können sich etwas abseits aufteilen)*, um das Kind anzubeten. Wie sie erfahren haben, dass in diesem Stall der Heiland geboren ist? Eine Schar von *Engeln (Engel stellen sich hinter die Decke)* hat es ihnen auf den Feldern verkündet.
(Wenn noch mehr Kinder mitspielen): Selbst aus dem fernen Morgenland kündigt sich Besuch an: *Himmelskundige, gelehrte Menschen (Magiere komplettieren das Bild)* brachten dem Kind Geschenke: Gold, Weihrauch und Myrrhe. Und über allem schien ein *Stern*, so hell und schön, wie es sonst keiner tut *(Kind mit Glitzerumhang stellt sich ganz vorne auf; oder es hat sich die ganze Zeit auf der Kanzel versteckt und zeigt sich nun dort)*.
Jetzt ist die Krippe komplett. So muss es damals ausgesehen haben in Bethlehem. Und damit ich mir das auch für die Zukunft merken kann, mache ich ein Bild von der lebendigen Krippe (das Foto kann später jedem Kind geschenkt und / oder im Gemeindebrief abgedruckt werden).

1. Weihnachtstag
Das Buch Micha 5,1–4a

Sebastian Feydt

Exegetisch-homiletische Skizze

Zu keinem anderen Zeitpunkt im Jahr leben wir so, wie in den Tagen des Christfestes. Nie kommt unsere bewegte und beanspruchte Gesellschaft so zur Ruhe, wie zu Weihnachten. Alles, was uns sonst in Atem hält und umtreibt, tritt zurück: die Politik, die Wirtschaft, die Medien, selbst der Sport. Wir sind als Menschen in diesen Tagen an uns selbst gewiesen. Wir werden uns unseres Menschseins bewusst.

Micha 5,1–4a will da so gar nicht in diese Atmosphäre passen. Denn es wird politisch mit diesen prophetischen Worten. Und das am heiligen ersten Weihnachtstag. Ein neuer Herrscher wird verheißen. Mit allem, was dazu gehört: Seine Herkunft und Abstammung wird geklärt (V. 1f.), seine Vollmacht beschrieben (V. 3) und die Konsequenzen des Machtwechsels werden sehr detailliert herausgestellt (V. 4).

Aber wer will das Weihnachten hören? Noch dazu, wenn es ausgerechnet mit dem Ort Bethlehem in Verbindung gebracht wird? Der Name dieser Stadt vor den Toren Jerusalems und die Ankündigung grundlegend veränderter politischer Verhältnisse wollen bis heute nicht zusammen passen.
War Bethlehem einst klein und unscheinbar, ist der Ort heute fast vollständig verschwunden, abgeriegelt hinter einer Mauer. Wen interessiert Bethlehem? Verheißungsvolle Erwartungen sind tiefer Enttäuschung gewichen. Bethlehem weckt keine Friedenshoffnung. Die Aussicht auf gerechte und friedvolle Verhältnisse an diesem Brennpunkt der Weltgeschichte ist verschüttet oder eingemauert. Mit dem Namen Bethlehem verbindet sich keine lebendige Hoffnung auf den Anfang neuen Lebens. Bestenfalls noch die Kulisse für die altbekannte Geschichte der

Heiligen Nacht: Hirten und Herden, Herberge und Stall; dazu eine Geburt, neues Leben. Ein neuer Anfang.

Nach Micha ist Bethlehem aber keine Kulisse, sondern Kreißsaal für die Geburt einer humanen und vor Gott verantworteten Lebensweise. Bethlehem ist das Synonym für den Anbruch, für das Zur-Welt-Kommen gerechter Verhältnisse, die Gott bewirkt. Bethlehem steht für den Schrei des Neuen, des neu Geborenen nach Leben. Bethlehem steht für den Schrei nach sicherem Wohnen, nach ausgleichender Gerechtigkeit und nach herrlichem Frieden. Dieser Schrei schallt seit 2700 Jahren durch die Welt. So alt, so altbewährt ist die Hoffnung, dass Gott Neues, einen neuen Herrscher zu unserer Welt bringen wird. Mitten hinein in eine Welt, die sich genau so darstellt, wie wir sie am Ersten Christtag 2010 erleben, wenn wir einmal im Jahr an uns selbst gewiesen sind, uns unseres Daseins inmitten dieser Welt bewusst werden.

Predigtidee

Gott wirkt unscheinbar, bei kleinen Leuten, an einem unbedeutenden Ort. Aber gerade darin liegt die Zukunft.

Predigtthema

Wo ist Bethlehem?

Vorschläge zur Liturgie

Eingangsgebet

Gott,
wir haben unsere Sehnsucht mitgebracht,
dass es nicht dunkel bleibt in der Welt,
dass es nicht kalt bleibt – in uns und um uns herum,
dass wir die Angst und Sorgen überwinden können.

Gott, das hoffen wir hier, vor dir:
Einen Lichtblick zu erhalten,
Wärme und Geborgenheit zu tanken,
und Menschlichkeit zu spüren:
Deine Menschlichkeit – Gott.
Amen.

Fürbittengebet

Du, unser Gott,
Licht vom Licht in der Dunkelheit unserer Welt,
nahe bist du uns gekommen in Jesus Christus:
Kind und Herr, Trost und Hoffnung für uns alle.

Gib uns den Mut und die Kraft,
menschlich als Mensch zu sein
dort, wo wir leben, wo wir lieben, wo wir arbeiten.

Schenke uns Worte, die aufhorchen lassen und aufrichten,
Worte die froh machen und uns orientieren in unserer Zeit.

Ermutige uns zu hilfreichen Taten für die Nahen und die Fernen.
Verleihe uns Geduld und einen langen Atem.

Hilf uns zu glauben, zu lieben und zu widerstehen, wo das Unrecht sich Platz verschaffen will.
Verleihe uns deinen Frieden, der aus der Feindesliebe und der Bereitschaft zum Verzicht erwächst und auf Gerechtigkeit beruht.
Amen.

In Anlehnung an ein Fürbittengebet in: Neue Eingangs- und Fürbittengebete, Gütersloh 1994

Lieder: EG 23: Gelobet seist du, Jesu Christ; EG 32: Zu Bethlehem geboren; EG 55: O Bethlehem, du kleine Stadt

Vorschlag zur Predigt

Möglicher Anfang

Weihnachten. Es geschieht in der Kälte, in der Nacht – heißt es. Es geschieht in der Abgeschiedenheit und Armut – heißt es. Es geschieht abseits aller aufmerksamer Augen, auswärts ... Dort geschieht Weih-

nachten. Aber wissen wir deshalb, wo das ist? Wissen wir, wo der Ort ist, an dem Weihnachten geschieht? Kennen wir die Stelle, an der Gott geboren werden kann?
Sie werden sagen: Aber sicher kennen wir sie: Es ist Bethlehem.
Ich frage Sie zurück: Wo ist das? Wo ist Bethlehem? Ist es ein Ort im Heiligen Land? Ist es eine Stadt nahe bei Jerusalem? Oder liegt Bethlehem nahe bei uns? Liegt das Geschehen von Weihnachten nahe bei uns? Liegt es uns nahe zu sehen, wie Gott mitten in der Welt zu finden ist, wie Gott sich mitten in der Welt zu erkennen gibt, wie Gott sich ganz menschlich begreifen läßt?
Liegt uns das nahe?

Viele werden sagen: Viel näher als diese Fragen nach Gott sind mir die Fragen an mich selbst, die Fragen nach meinem Leben. Das ist es, was mich gerade umtreibt, was mir nahe liegt: Jeden Tag neu lernen zu müssen, mit den eigenen Schwächen zu leben. Immer zu wissen: Ich werde nie alles ganz vollkommen und zufriedenstellend tun können. Es bleibt zu jeder Zeit etwas unerledigt. Ganz gleich, ob es Worte oder Taten sind. Schwer ist es auch, damit umgehen zu können, dass ich so oft hinter den eigenen Erwartungen an mich selbst zurückbleibe, dass andere es sehen könnten und es dann heißt: »Hast du es wieder nicht geschafft – das ist aber schwach!« Schwach zu sein, unvollkommen zu leben, Fehler zu machen, das und noch manches mehr ist es, was uns nahe geht. Wir spüren unsere Ängste und Sorgen, sind auf der Suche nach uns selbst und nach Menschen, die es neben einem aushalten.

Es ist das Ringen um Lösungsansätze für all die offenen Probleme unseres Alltags, das uns beschäftigt, das uns angeht, bis unter die Haut geht. Deshalb bilden sich ganz selbstverständlich unsere Erwartungen und Wünsche heraus. Zuerst im privaten Bereich. Da denke ich:
Wenn es doch einen gäbe, der mich wirklich versteht, mit dem ich ’mal ganz offen reden könnte.
Wenn doch jemand für mich da wäre, der nachempfinden kann, was in mir vorgeht, wie es in meinem Inneren wirklich aussieht, ohne mich gleich gänzlich verändern zu wollen. Wenn mir doch ein anderer Mensch meine Fehler und Vergehen so vergeben könnte, so, dass ich danach befreit von aller Last weiterleben kann.

Aber nicht nur für uns selbst haben wir solche persönliche Wünsche. Auch unser gesellschaftlicher und politischer Alltag wird davon bestimmt. Die Erwartungen klingen auch hier ganz vertraut:
Wenn nur endlich jemand Gerechtigkeit garantieren könnte. Gerechtigkeit, die allen Menschen gerecht wird. Gerechtigkeit, die zum Frieden führt ... zum Frieden auf der Erde, den wir so dringend nötig haben: Frieden im Inneren unseres Landes und Frieden außerhalb, zwischen den Völkern und Religionen. Frieden und die Sicherheit, so dass alle Menschen gefahrlos ein Leben in Würde führen können.

Zum weiteren Verlauf

Diese Sehnsucht nach Befriedung der Welt, nach einem Ausgleich in Gerechtigkeit und Sicherheit sieht Micha in dem neuen Herrscher, in dem Gesalbten Gottes verwirklicht. Die Verwirklichung sieht der Prophet in Bethlehem verortet. Diese Ansage zwingt zum Perspektivwechsel, der ausgeführt werden kann:
– weg von dem, was alle bislang für richtig gehalten haben, hin zu dem, was noch nicht einmal wahrgenommen wurde;
– weg von dem Glauben an die Macht eines absoluten Königs, hin zum Vertrauen zu einem Herrscher, dessen Macht aus der Ohnmacht erwachsen wird.

Der Prophet fordert dazu auf, trotz erlebter Enttäuschung, trotz erfahrener Rückschläge an Gott festzuhalten. Seine Devise: Gott wirkt unscheinbar, bei kleinen Leuten, an einem unbedeutenden Ort. Darin liegt die Zukunft.

Möglicher Schluss

Ein neues Leben, ist es das, was der Prophet Micha seinem Volk verheißt?
Da er das Entstehen dieses neuen, veränderten Lebens mit den Geburtswehen eines Kindes vergleicht, liegt es wohl nahe, den Propheten genau so zu verstehen. In den Zeiten der großen Veränderungen, in den Zeiten der tiefgreifenden Umbrüche, wo immer alles in Frage gestellt ist, wo die Grundlagen des Zusammenlebens der Menschen wegzubrechen drohen, in diesen Zeiten der Ausweglosigkeit und der Resignation gilt es nach den unscheinbaren Anfängen Ausschau zu halten. Weil es uns Menschen offensichtlich so schwer fällt, neues Leben, neue

Hoffnung zu entdecken, vermittelt der Prophet den weisen Hinweis: Verhaltet euch so, als ob ihr nach einem neugeborenen Kind sucht. Das findet ihr nicht inmitten der Öffentlichkeit, sondern am Rand, in der Stille, in der Bescheidenheit einer kleinen unbedeutenden Familie.

Das ist ein entscheidender Hinweis des Propheten gewesen. Denn gerade dieser Hinweis sollte sechshundert Jahre später erneut Menschen den Weg weisen. Diesmal waren es zuerst Weise. Und wieder waren es Menschen, die auf der Suche waren. Auf der Suche nach der Zukunft, auf der Suche nach der Rettung aus dem Elend und der Verzweiflung. Ihnen werden die Worte des Propheten Micha gesagt. Achtet auf die unscheinbaren Anfänge. Bemerkt das Neue an ungewohntem Ort: Gott wirkt unscheinbar, bei kleinen Leuten, an einem unbedeutenden Ort. Darin liegt die Zukunft. Inmitten der Armseligkeit menschlichen Lebens. Inmitten der aus den Fugen geratenen familiären Strukturen. Inmitten der Gegensätze zwischen armen Hirten und reichen Weisen, der Dunkelheit der Nacht und dem Glanz der Engel, inmitten all der Fragen und Zweifel beginnt neues Leben Gestalt anzunehmen. Schwach, unvollkommen, hilfsbedürftig – so ist dieses Leben.

Schwach, unvollkommen, hilfsbedürftig – wie wir.
Das geht uns nahe. Das geht uns an, das treibt uns um.

So kommt uns das Geschehen von Weihnachten nahe.
Wenn wir in der Gestalt des Kindes uns selbst wiederfinden.
Gott wird Mensch. In einem Kind kommt er uns entgegen.
Wir sind Abbild Gottes.
Arm und schwach, unvollkommen und hilfsbedürftig.

»Sag, wo ist Bethlehem? Wo die Krippe, wo der Stall?
Musst nur gehen, musst nur sehen –
Bethlehem ist überall.
Sag, wo ist Bethlehem? Komm doch mit, ich zeig es dir!
Musst nur gehen, musst nur sehen –
Bethlehem ist jetzt und hier.
Sag, wo ist Bethlehem? Liegt es tausend Jahre weit?
Musst nur gehen, musst nur sehen –
Bethlehem ist jederzeit.«
Rudolf Otto Wiemer

Kontext

Am 11. Dezember 2009 wurde in Bethlehem ein Aufruf palästinensischer Christinnen und Christen veröffentlicht. Der Aufruf will selbst inmitten der »palästinensischen Katastrophe« als ein Wort des Glaubens, der Hoffnung und der Liebe verstanden werden.

Der Appell trägt in Anlehnung an ein ähnliches Dokument, das südafrikanische Kirchen auf dem Höhepunkt der Unterdrückung unter dem Apartheitregime veröffentlicht hatten, den Titel: »Kairos Palästina«.
Verfasst haben das lesenswerte Dokument u. a.: Bischof Dr. Munib Younan, Pfarrer Dr. Mitri Raheb, Patriarch em. Michel Sabbah, Pfr. Dr. Rafiq Khoury, Pfr. Dr. Naim Ateek und zahlreiche andere.

2. Weihnachtstag
Das Evangelium nach Johannes 8,12-16

Hansjörg Haag

Exegetisch-homiletische Skizze

Der Evangelist Johannes schildert in der Perikope einen kontroversen Dialog zwischen Jesus und den Pharisäern. Voraus geht (nach Mehrheit der Exegeten nicht Joh 8,1–11, sondern Joh 7,40–52) die heftige Auseinandersetzung derer, die Jesus zugehört haben und sich über seine Bedeutung und Rolle uneins sind. Meines Erachtens verfolgt Johannes mit Jesu »ego-eimi«-Wort vom Licht zwei Absichten. Erstens, »das Volk« scheint Jesus in seiner Sendung zu verstehen – im Gegensatz zu den »Gelehrten«. Diese, die Hohenpriester und Pharisäer, personifizieren nach Johannes die Welt mit ihren Ordnungen, mit ihrer lieblosen und oft genug Leben vernichtenden Gesetzestreue; sie klagen die Knechte an; denn die hätten Jesus eigentlich festnehmen können oder sollen (Joh 7,45). Darüber hinaus verfluchen diese »Gelehrten« sogar ihr Volk (Joh 7,49). Auf der anderen Seite – Jesus! Er predigt die über das Gesetz hinausweisende Liebe.[1] Er ist gesandt als Retter, der »präexistente Logos« (Joh 1,1–18), er schenkt Leben und gibt noch seine Gnade dazu (Joh 1,16). Zweitens, der Evangelist Johannes stellt Jesus als wahren Gottessohn vor. Manche im Volk wissen bereits: »Er ist der Christus« (Joh 7,41), er steht in ungebrochener Linie zum erwählten Haus der Davididen. Bei den einen, bei vielen im Volk, entsteht und wächst der Glaube und Gottvertrauen (Joh 8,30). Bei den anderen, den Hohepriestern und den Pharisäern, zeigt sich, dass sie Jesus in ihrem »Verfinstertsein« als Gotteslästerer überführen und so »ausschalten« wollen.

Der Konflikt zwischen Pharisäern und Jesus erreicht in Joh 8,16 ein

1 Diese Liebe Jesu eröffnet nach Joh 8, 1-11 neues Leben: Jesus nimmt die »Ehebrecherin« vor ihren Anklägern und ihrer schon sicheren Steinigung in Schutz und ermöglicht ihr damit neues Leben. Ausschließlich er hat die Vollmacht, Sünden zu vergeben (V.7b) und damit über Menschen und ihre (verwirkten oder gewährten) Chancen zu richten (V.11 und V. 15 f!).

»Zwischen-Ergebnis« und stellt einen weiteren, neuen Höhepunkt in der Auseinandersetzung zwischen Jesus und seinen Gegnern dar. Leiden und Sterben Jesu ereignen sich zwangsläufig – als heilsgeschichtliche Erfüllung der »Geschichtsschreibung Gottes« (Joh 3,16).
Nicht nur im Gegenüber von Pharisäern und Jesus finden sich gehäuft dualistische Anklänge. Ich möchte die johanneischen Zuschreibungen für die Gegner Jesu ein wenig differenzierter darstellen. Weiterhin möchte ich sehen, dass viele heute das Weihnachtsfest als individuelle, familiäre oder bürgerliche Idylle feiern. Die Werbung, der Markt, bedient sich dieser Idylle zu gerne. Tatsächlich aber gibt es an den Feiertagen unausweichliche Spannungen und Auseinandersetzungen zwischen sich nahe stehenden Menschen; die Idylle ist schnell in Frage gestellt. Außerdem die »Welt«, der Hunger, das Unrecht, die Gewalt: die »Finsternis«. »Die Welt« feiert nicht die Menschwerdung Gottes und seine Liebe. Viele projizieren ihre Sehnsucht nach dem Paradies auf die Feiertage und scheitern dann kläglich. Auf diese Weise retten sie sich davor, die »Gebrochenheit« unserer Welt als wirkliche Finsternis zu erfahren – und eben auch zu erleiden.
Daraus ergibt sich die Frage: Wie können wir vom Glauben her die Geburt Jesu an Weihnachten feiern und uns gleichzeitig mit den Dunkelheiten um uns (und in uns) aufrichtig auseinandersetzen? »Das Licht der Welt widersetzt sich der Reduktion auf das traute Kerzenlicht.«[2] Weihnachten ist anderes als Wellness oder Kuschelfeeling. Denn: »Im Horizont der johanneischen Gemeinde ist die Welt finstere aktive Macht. Jesus kommt, um aus dieser Welt zu erretten: ›Ich bin in die Welt gekommen als ein Licht, damit, wer an mich glaubt, nicht in der Finsternis bleibe.‹ (Joh 12,46)«[3]
Ich möchte den Treuen der Gemeinde, die auch am 2. Weihnachtsfeiertag zum Gottesdienst kommen, vermitteln, dass Jesus jenseits der Weihnachts-Idylle und mitten in aller Finsternis Licht ist. Wohl genau so, dass er die Welt und unsere innerweltlichen »Maßstäbe und Wirklichkeiten, z. B. die des Richtens«[4] von Gott aus in ihrer Gebrochenheit und in ihrer gnadenlosen Wirkung[5] deutet. Die Menschwerdung Got-

2 Gerhard Wendland, 2. Weihnachtsfeiertag, in: P. Krusche/D. Rössler/R. Roessler, Predigtstudien, Perikopenreihe III, 1. Halbband, Stuttgart, 1992, S. 85.
3 Wilfried Lenzen, 2. Weihnachtstag, in: E. Domay (Hrsg.), Gottesdienstpraxis Serie A, III. Perikopenreihe, Band 1, Gütersloh, 2004, S. 56.
4 A. a. O., S. 57.
5 Siehe z. B. das Urteil der Pharisäer über die »Ehebrecherin«.

tes ist das Licht, dass in allem Dunkel, in aller Schuld und in allem Tod, den Sieg des Lebens wirkt: »Jesus Christus hat dem Tode die Macht genommen und das Leben und ein unvergänglich Wesen ans Licht gebracht durch das Evangelium.« (2 Tim 1,10)

Predigtidee

Die zuweilen abgegriffene Verwendung der Licht-Symbolik neu zum Leuchten bringen.

Predigtthema

Licht macht hell. In die Dunkelheiten unserer inneren und äußeren Welt fällt ein heller Schein: Jesus Christus, das Licht der Welt. Er ist uns Orientierung und Ziel in aller Finsternis, die uns umgibt.

Vorschlag zur Liturgie

Psalm: Ps 96,1–3+9 (EG)

Lesungen: AT: Jes 11,1–9; NT: Hebr 1,1–3(4–6)

Fürbittengebet
Gott! / Wenn wir uns in dieser Welt umsehen, / dann könnten wir manchmal verzweifeln: / Gewalt, Umweltzerstörung, Ungerechtigkeit … Dunkel, wohin man sieht. / Doch heute, Weihnachten, hören wir: / Du hast diese Welt nicht aufgegeben, / du hast uns nicht uns selbst überlassen. / Deine Liebe brennt wie ein Licht in der Dunkelheit / und lässt uns wissen, / dass wir ein Zuhause haben, / in dem wir geborgen sind. / Wir bitten dich, Gott: / Mach uns dazu fähig, / selbst Lichter der Liebe anzuzünden, / an denen andere Menschen, in welchen Dunkelheiten sie auch sind, sich wärmen können. / Wir bitten: / Dein Licht leuchte uns den Weg zu den Kranken, / dass wir sie trösten. / Dein Licht führe uns zu den Fremden; dass wir ihnen beistehen, heimisch zu werden. / Dein Licht bringe uns zu den Ratlosen und Zweifelnden; / dass wir ih-

nen Antwort geben über unsere Hoffnung und unseren Glauben. / Dein Licht öffne uns die Augen für die, / die gescheitert sind; / dass wir mit ihnen Möglichkeiten suchen, neu anzufangen. / In deinem Sohn Jesus Christus zeige uns, / wie groß deine Liebe ist. / Bestärke uns darin, / sie weiterzugeben. / Vater unser … / Amen.

Überarbeitete und erweiterte Fassung aus: Hans-Martin Lübking, Jugendgottesdienst plus, Gebete, Lesungen und Lieder, Gütersloher Verlagshaus/Verlagsgruppe Random House GmbH, 2001, S. 17.

Lieder: EG 57 Uns wird erzählt von Jesus Christ; EG 40 Dies ist die Nacht, da mir erschienen; EG 542 (EKKW) Stern über Bethlehem; EG 557 (EKKW) Ein Licht geht uns auf

Vorschlag zur Predigt

Möglicher Anfang

Was wäre der Heiligabend ohne einen Christbaum?! Was wäre die Adventszeit ohne Kerzenlicht?! Nicht allen unter uns ist bewusst, dass jede Kerze am Adventskranz und jedes Licht im Dezember für Christus und für die Menschwerdung Gottes steht. Manche sind allein davon fasziniert, dass die langen und dunklen Dezembernächte durch viele Lichter ihre Undurchdringlichkeit verlieren und etwas Hoffnung, Wärme und Orientierung ausstrahlen. Viele sehen die Lichter – und irren trotzdem umher, als ob sie im Dunklen liefen. Viele haben von der menschgewordenen Gottesliebe gehört und empfinden in ihrem eigenen Leben dennoch nichts davon.

Wie bedeutend Licht für uns ist, erfahren wir selten. Dabei geht jeden Morgen neu die Sonne auf, und selbst durch die Wolken hindurch wird es auf unseren Wegen hell.

Im Schloss Freudenberg nahe Wiesbaden, einem Museum der Sinne, gibt es einen »Gang der Finsternis«. Ich habe dort gelernt: Dunkelheit macht Angst. Richtig Angst. Ich habe jeden Anhalt verloren, schleiche im Zeitlupentempo vorwärts. Ständig in Sorge vor einem Hindernis, vor Gefahr. Schließlich erkenne ich einen kleinen Lichtpunkt … »Gott sei Dank! Da geht's lang!« Ich bin erleichtert. Zwar war es nicht gleißend hell um mich, aber endlich hatte ich einen Anhaltspunkt, eine Richtung, ein Ziel: hin zum Licht.

Ich frage: Waren Sie schon einmal orientierungslos? Nicht im »Dunkelgang« eines Museums, sondern mitten im Leben? Wussten Sie schon einmal nicht mehr weiter? Weder ein noch aus? Voller Angst, was kommt? Das kann manches gewesen sein: plötzlich arbeitslos, unerwartet schwanger, die Diagnose ›Krebs‹, die Mitteilung »Ihr Kind hat sich das Leben genommen …«

Gerade in solchen Momenten tut es gut, Jesus an meiner Seite zu wissen.
Sein Wort gilt: »Fürchte dich nicht! … Ich bin das Licht der Welt. Wer mir nachfolgt, wird nicht im Finstern wandeln.« So zu glauben weckt Hoffnung, gibt Orientierung und Halt, macht sicher. Die Liebe Gottes gilt mir. Seit der Nacht in Bethlehem ist sie zu uns Menschen auf die Erde gekommen und liegt uns deutlich vor Augen. Sie strahlt, wärmt, macht klar, weist einen Weg und hat ein Ziel.

Zum weiteren Verlauf

Ich werde zunächst ausführen: Die Pharisäer und Hohenpriester damals waren keine ›dunklen Gestalten‹. Sie hatten den Anspruch, ihren Mitmenschen »Spiel«-Regeln für ein gutes Zusammenleben nahezubringen; eben so wie sie sie aus der Tradition ihrer glaubenden Vorfahren übernommen haben. Sie gaben ihren Landsleuten einen Rahmen, innerhalb dessen sie sich ihr Zusammenleben gestalten konnten. Dennoch war ihr geflissentliches Festhalten am Gesetz Mose eine starre Prinzipienreiterei. Sie waren verschlossen dafür, dass Gott selber seinen Menschenkindern neu (!) seine Liebe kundtut. Ähnliches kennen wir heute.
Beispielsweise lässt sich im Folgenden überlegen und ausführen: Feiern wir Weihnachten nicht sehr eingegrenzt in unseren eher bürgerlichen Vorstellungen – und merken dabei gar nicht, dass das Christuskind auch dem Arbeitslosen zwei Häuser weiter, der Asylantin aus Kamerun und dem abgedrehten Jugendlichen aus dem Nachbarhaus die große Freude durch uns verkündigen will, »die allem Volk widerfahren wird«?
Ich möchte hervorheben, dass Christus das Licht ist, weil er einer oft im Dunklen umherirrenden Welt Orientierung, Halt, Wärme, Wegweisung und Sinn gibt. Es geht darum zu sehen: den Weg, den Sinn, den Halt, die Hoffnung, die Christus mit seinem Licht bringt.
Wie bringt Christus denen im Dunkeln Licht? Durch seine Zuwendung, durch seine Hingabe, durch seine vorbehaltlose Liebe. Die Ge-

schichte von der »Kerze«[6] lässt sich zunächst im Blick auf Christus interpretieren. Sie will gleichzeitig auch in ihrem Aufforderungscharakter verstanden sein; also, dass es darum geht, das Erfahrene, den vom »Licht« entzündeten Glauben anzuwenden, umzusetzen, zu realisieren. Christus will Menschen entzünden, dass sie sein Licht leuchten lassen und anderen ein Licht aufstecken. Die Geschichte und weitere Beispiele dazu können verdeutlichen, wie sich die Liebe Christi einbringt und wie eng deshalb die Geburt und die Menschwerdung Gottes auch mit seinem Sterben, Tod und Auferstehen zusammenhängen: Da sein für andere, das Leben, die Zeit, die Erfahrungen, Materielles mit anderen teilen, sich hingeben. Beispiele aus der Gemeinde lassen sich nennen, z. B. das, was Ehrenamtliche tun.

Möglicher Schluss

»Ich bin das Licht der Welt. Wer mir nachfolgt, wird nicht wandeln in der Finsternis, sondern wird das Licht des Lebens haben.« Ergreifen wir dieses Geschenk zu Weihnachten! Lassen wir uns von diesem Geschenk der Liebe Gottes ergreifen! Lassen wir uns die große Freude, die allem Volk widerfahren ist, gesagt sein! Lassen wir unsere Angst, unser Umherirren, unser Bemühen um ein besseres Leben und eine bessere Welt, unsere Sehnsucht nach Halt und Geborgenheit vom Licht des Christuskindes »er-leuchten«! Lassen wir uns vom Geheimnis »Weihnachten«, der großen Liebe des menschgewordenen Gottes, anrühren und unsere Seele hell machen! Diese Botschaft verkündigt nicht nur die bekannte Weihnachtsgeschichte des Lukas, diese Botschaft verkündigt uns auch der Evangelist Johannes mit dem heutigen Predigttext. Weil ich Ihnen das wünsche, erbitte ich für Sie mit den Worten Sören Kierkegaards:
»Wir bitten dich für den Frohen und Glücklichen, den, der vor Freude kaum weiß, wo er hin soll – dass du, Gott, ihn zu dir ziehen mögest. Wir bitten dich für den Leidenden, der in seinem Elend nicht weiß, wo er hin soll, dass du ihn zu dir ziehen mögest. Damit beide, der Leidende und der Glückliche, so verschieden die Umstände ihres Lebens sind, in einem vereint werden mögen: Niemanden anders zu wissen, zu dem sie gehen können, als Dich!«
Wolfgang Altpeter, Predigt am 26. Dez. 1986, Zweiter Weihnachtsfeiertag, in: H.-G. Lubkoll (Hrsg.), Pastoralblätter, Perikopenreihe III, Heft 12, Stuttgart, 1986, S. 710.

---

6 Siehe unten unter »Kontexte«!

Gestaltungsidee

Von einer besonderen Gestaltungsidee werde ich absehen. Denn die Lichter auf dem Christbaum sind deutlich genug Symbolik für diesen Gottesdienst.

Kontexte

Nachdenkenswert und eventuell in die Predigt mit einzuflechten, was der Stadt Lyon als gegenwärtiger »Stadt der Lichter« und Austragungsort eines jährlichen Lichterfestes in ihrer Geschichte widerfahren ist und wie sie das heute »umsetzt«!

»Dabei hat die moderne Lichtshow durchaus historische Wurzeln: Seitdem Südfrankreich 1643 von der Pest heimgesucht wurde, hatte die Stadt sich dem Schutz der Jungfrau Maria anempfohlen und Bischöfe, Marktvögte wie Ständevertreter pilgerten jeweils am 8. September zur Kapelle Notre-Dame-de-Fourvière, um der Schutzpatronin Kerzen und Goldtaler zu opfern. Als an dieser Stelle knapp 200 Jahre später eine Marienstatue errichtet werden soll, muss die Einweihung wegen einer Überflutung der Saône um vier Wochen verschoben werden; doch ausgerechnet auch an diesem Tag bricht ein Unwetter herein, die geplanten Festivitäten mit Feuerwerk und bengalischen Lichtern werden abgesagt. Und dann, beinahe ein Wunder – am Abend des 8. Dezember beruhigt sich der Himmel – und voller Dankbarkeit entzünden die Lyoner Bürger Kerzen in ihren Fenstern und bescheren dem Festtag damit den nötigen Glanz ... Die kollektive Feierstimmung hat sich erhalten. Denn das Lichterfest wird mittlerweile als phantasievolles Gesamtkunstwerk inszeniert ... Jenseits des spielerischen Umgangs mit Licht, dem Volksfestcharakter für Bürger und 3,5 Millionen Besucher hat das Festival durchaus wirtschaftliche Bedeutung ... Lyon führt wegen seiner Vorreiterrolle seit 2002 den Vorsitz im Netzwerk der »Lightning Urban Community International« – einem Zusammenschluss von 60 Metropolen. Neben so viel künstlerischer Kreativität bleibt sogar noch Zeit für karitatives Engagement. Am Place des Célestins, im zweiten Arrondissement von Lyon, werden zugunsten der Hilfsorganisation »Secours Populaire« kleine Kerzenlichter verkauft. Arrangiert zu einem tausendfach leuchtenden Mosaik, stehen sie für das Motto mitfühlender Solidarität: »Kein Fest ohne Freigiebigkeit«. Wie damals, am 8. Dezember 1852. ...«

Jahrhunderte zuvor hat sich ein angesehener Lyoner Bürger (später nennt man ihn Petrus Waldes) das Neue Testament übersetzen lassen, um es dann als frohe Botschaft den Armen in der Stadt und in der Region zu verkünden. Die daraus hervorgegangene Bewegung der Waldenser hat ihren Glauben und ihre Hoffnung in ihrem Motto und Leitwort zum Ausdruck gebracht: »Lux lucet in tenebris«, »Licht leuchtet in der Finsternis«. Also schon Ende des 12. Jahrhunderts war Lyon »Stadt des Lichtes«. Aber das Anliegen des »Petrus Waldes« kommt heute in Lyon nicht mehr zum Zuge, sondern in der Waldenserkirche Italiens!

(Auszug aus: Stefan Simons, SPIEGEL-ONLINE 16. November 2009)

»Die Kerze« – schön zu erzählen und zu verwenden!

»Das Gespräch verlosch, das Schweigen wuchs, nicht bedrohlich, wie Stille sein kann, sondern mehr wie ein Wind sich legt, weil er müde wurde und nun dem Gras das Atmen gönnt. Sie saß vor der Kerze und sah in das Licht. Wer in das Licht sieht, gehört wohl zu den Leisen in der Welt, die sich bis heute nicht aus dem Traum vom Leben reißen lassen. Als sie so saß und sah, begann die Kerze zu erzählen: »Du bist ein Mensch und fragst soviel, wozu es dich gibt, und was das Leben eigentlich soll? Du willst wissen und immer mehr wissen, du hinterfragst und analysierst; du bezweifelst, was du denkst, du denkst, was du bezweifelst; du bereust, was du tust, und tust, was du bereust; du verwirfst, was du hast, und dann hast du, was du verwirfst; so beginnst du, dich selbst zu bezweifeln, und hast die ständige Angst, du könntest dich verlieren.«

Während dieser Worte strahlte die Kerze, und ihr Glanz verzauberte den Raum und verzauberte die Nacht. Als habe sie es gespürt, wie sie auf die Frau wirkte; denn schon sprach sie es aus: »Ihr Menschen habt auch Angst vor der Verzauberung. Ihr liebt Märchen, aber verschließt euch dem Wissen um die Geheimnisse. Ihr sucht das Fremde und verachtet das Nahe.«

Die Frau saß da und dachte nach. Denn es tut gut nachzudenken, im Schimmer einer Kerze, die erzählt. »,Ja«, sagte sie zu ihr, »du hast recht. Ich komme mir verloren vor und habe den Eindruck, keinen Schritt weiterzukommen, ich grüble und weiß dann nicht weiter; ich treffe Entscheidungen und stehe nicht zu den Folgen.«

»Genauso ist es«, meinte die Kerze, »ihr Menschen habt eine große Angst: Es ist die Angst vor der Freiheit! Deswegen richtet ihr euch ein in den kleinen und großen Gefängnissen der Bedingungen.« »Du hast wahrscheinlich auch hierin recht«, erwiderte die Frau, »aber ich weiß eben nicht, wie ich mein Leben zur Freiheit verändern kann?«

»Siehst du: Ich bestehe aus Wachs und Docht. Aber das ist noch gar nichts. Erst wenn ich mich entzünden lasse, werde ich zum Licht und bin fähig zu strahlen, zu wärmen und zu leuchten. In dem Maße, wie ich das tue, verzehre ich mich und verlösche am Ende, weil ich brannte. Nur wer sich preisgibt, hat Erfüllung. Wer sich für das Leben entzünden lässt, wird frei.« »Danke!«, sagte die Frau. »Danke!««

(Die Kerze, in: Peter Spangenberg, Dem Himmel auf der Spur, Märchen – Fabeln – Einfälle, Konstanz, 1991, S. 71 f.)

Erwähnenswert! Auch in der Dunkelheit und Not der Kriegsgefangenschaft weiß Hertha Müller von ihrem Protagonisten ihres Buches »Atemschaukel« zu berichten: »Der Weihnachtsbaum stand auf dem Tischchen unter der Kuckucksuhr. Der Advokat Paul Gast hängte zwei braune Brotkugeln dran. Wieso er Brot zum Schmücken übrig hat, fragte ich mich damals nicht, weil ich sicher war, er wird die Brotkugeln am nächsten Tag essen, und weil er beim Kneten der Kugeln von zu Hause erzählte.«

(Herta Müller, Atemschaukel Carl Hanser Verlag, München, 2009, S. 137.)

Altjahrsabend

Das Buch Jesaja 30,(8)15-17

Claudia Kettering

Exegetisch-homiletische Skizze

Was ist die Situation, in die der Text spricht? Der winzige Staat Israel versucht durch Koalition mit den Pharaonen seinen Teil am Machtkuchen abzubekommen. Dagegen wendet sich der Prophet. Ist Jesaja dagegen, weil solches Vorgehen die Innenpolitik aushöhlt? Weil es gegen Assuan doch nichts nutzen wird? Wohl eine Mischung aus beidem. Jesaja verweist darauf, welchen Preis Israel in doppeltem Sinne wird zahlen müssen. Einerseits wird da mit dem Ur-Erzfeind koaliert – die Folgen dieses Bündnisses mit dem Großreich Ägypten und seiner steilen Machtherrschaft sind leicht vorhersehbar: die Bildung einer reichen Priesterelite auch in Israel, Fremdgötter, die durch den kulturellen und religiösen Einfluss ins Land kommen –, andererseits kostet der Krieg gegen Assuan (wie jeder Krieg) Geld. Steuern müssen erhoben werden, zu Lasten der kleinen Leute. Der Prophet sieht ganz klar: Das Sorgen um Soziales wird auf die lange Bank geschoben, wenn man sich mit Alliierten im Krieg befindet.

Es wäre reizvoll, zu diesem Text eine politische Predigt zum Thema Koalitionen zu machen. Als aktuelles Beispiel würde mir etwa unsere Beziehung zum Iran einfallen, einem der rohstoffreichsten, geopolitisch bedeutendsten Länder im nahen Ostern, das sich explizit gegen die Existenz Israels wendet und mit dem Deutschland trotz verbaler Kritik daran gute Wirtschaftsbeziehungen pflegt und weiter pflegen will. Oder unsere Afghanistan-Politik, die uns derzeit (Ende November 2009) etwa 870 Millionen € kostet, Geld, das innenpolitisch an jeder sozialen Ecke fehlt. Politische Statements entlarven sich da oft als Lippenbekenntnisse.

Durch die Zusammenführung mit dem Kasus Altjahresabend entscheide ich mich für eine seelsorgliche Predigt und insofern für die Konzentration auf die Verse 15–17.

»Blinder Eifer schadet nur«, sagt das Sprichwort. Agieren kann verschwendete Energie und sogar schädlich sein, wenn wir einen Druck, der von außen auf uns zukommt, übernehmen und fortsetzen und wir so gerade nicht selbstbestimmt handeln. Wichtig ist, einen Raum für Selbstbestimmung zu schaffen (»Stille«) und auf die Stimme der Thora, die Stimme Gottes zu lauschen. Dann ist das Stillesein, wie es der Text verheißt, keine zufriedene und sich zufriedengebende Stille, sondern eine bestärkende, d. h., auch eine widerstands- und kritikfähig machende Stille.

Predigtidee

V. 15b, dessen Übersetzung durch Luther ein geflügeltes Wort darstellt (»Durch Stillesein und Hoffen würdet ihr stark sein!«) übersetzt die Bibel in gerechter Sprache mit »Durch Stillehalten und Vertrauen entsteht eure Stärke«. Der Predigt lege ich dieses Prinzip Vertrauen zugrunde. Vertrauen wirkt nach zwei Seiten! Vertrauen ist eine Aufgabe im doppelten Sinne. Ich gebe Sicherungsmechanismen auf, weil ich den Lebensregeln Gottes vertraue, mir wird zugetraut, nach ihnen zu leben.

Predigtthema

Gottvertrauen. Wir vertrauen Gott – Gott vertraut uns. Er traut uns etwas zu – wir trauen ihm etwas zu!

Vorschläge zur Liturgie

Begrüßung

Herzlich willkommen. Schön, dass Sie da sind,
sich Zeit nehmen,
Zeit zum Rückblick und Zeit zur Vorausschau,
Zeit sich zu fragen: Wo stehe ich zwischen den Zeiten?
Wo ist mein Standort? Was ist mein Standpunkt?
Was war wichtig im nun zu Ende gehenden Jahr,
an Gutem, an Schwerem?

Was wird das neue Jahr bringen? Was wird unsere Aufgabe sein?
Im Blick zurück, im Blick nach vorn:
Wir wünschen uns dabei, von Gott begleitet zu werden.
In diesem Vertrauen beginnen wir unseren Gottesdienst.

Votum
Wir öffnen uns für die Liebe Gottes, die unser Leben trägt.
So feiern wir im Namen dessen, der Anfang und Ende ist.

Gebet zum Eingang
Als die Geschwister, die hier an der Jahreswende versammelt sind,
wünschen wir uns,
dass wir eine Gemeinde sind,
uns wahrnehmen, vielleicht uns aneinander freuen
und, so fremd wir uns sein mögen,
in dieser Stunde eins werden können
im Stillewerden,
im Lauschen auf deine Zusagen, Gott.

Psalm: Ps 46, Ps 86 oder Ps 72

Lesung: Röm 8,38–39

Kyrie
Lebendiger Gott, erbarme dich
unserer Kleingläubigkeit,
unseres Zurückschreckens vor der Wirklichkeit,
unserer Ängste,
unserer Furcht vor den Herrschenden und den gegebenen Verhältnissen.
Die Stille, die du schenkst, ist tönender als aller Lärm
unserer Zeit
und allen falschen Selbstbewusstseins.

Gloria
Seid stille und erkennt, dass ich Gott bin! (Ps 46,11)

Fürbittengebet

Gott, hinter uns liegen 365 Tage mit ihrer Plage, ihren Ängsten, natürlich auch mit ihren Highlights und Hoffnungen.
Wir bitten darum, dass wir hinter uns lassen können, was vergangen sein kann und was uns quälend bindet.
Wir bitten, dass wir als Proviant mitnehmen können, was gut für uns war und was uns wohl getan hat.

Wir denken an alle, die uns wichtig sind,
und bitten, dass sie im neuen Jahr ihre Kräfte entfalten und Schlimmes gut bestehen können.
Wir bitten, dass wir die TrägerInnen und DolmetscherInnen des Nicht-unter-Druck-Agierens, des Vertrauens und der Zuversicht sein können.
Schenke uns in allem, was auf uns zukommen wird, und in allem, was wir tun werden, immer wieder die heilsamen und kräftigenden Momente des Innehaltens und der Stille.
Du bist uns Freude und Stärke.
Zwischen den einzelnen Bitten kann EG 175 (Ausgang und Eingang, Anfang und Ende) gesungen werden oder aus »Wo wir dich loben, wachsen neue Lieder.«, hrsg. von den Ev. Landeskirchen in Baden und Württemberg, der Ev. Kirche der Pfalz und den Églises Réformées et Luthérienne d' Alsace et de Lorraine, Lied 41 Geh mit uns auf unserm Weg.

Lieder: EG 302 Du meine Seele singe; EG 263 Sonne der Gerechtigkeit; EG 676 (Regionalteil Baden, Elsass und Lothringen, Pfalz) Der Lärm verebbt; zum Ausgang: EG 321 Nun danket alle Gott (»ein immer fröhlich Herz und edlen Frieden geben« schlägt die Brücke zwischen Seelsorge und Politik). Von den üblichen Liedern zum Jahreswechsel passen zum Thema: EG 63 Das Jahr geht still zu Ende, EG 644 (Regionalteil Baden, Elsass und Lothringen, Pfalz) Meine Zeit in deinen Händen und EG 65 Von guten Mächten.

Vorschlag zur Predigt

Möglicher Anfang

»Vertrauen ist gut, Kontrolle ist besser«? Ein Prinzip, das viele PädagogInnen teilen.

Erinnern wir uns an die Zeit, als wir die ersten größeren Herausforderungen bewältigen mussten. Da gab es Menschen, die uns begleitet haben, die uns Rückenwind gegeben haben, die uns das zugetraut haben (eigene Beispiele erzählen: Als ich etwa mit 14 Jahren eine behinderte Konfirmandin begleiten sollte, machte mir das erst Angst, dann wurde es zu einer sehr schönen Erfahrung. Oder: Führerschein / Die erste der Familie zu sein, die aufs Gymnasium geht, weil die Mutter oder die Lehrerin ihr das zutrauen usw.). Wenn einem vertraut wird, das heißt einem etwas zugetraut wird, dann wächst einem auch etwas zu. Und wer sich traut, hat die Chance, Erfahrungen zu machen. Vertrauen ruft Stärke auf den Plan.
Können wir daraus auch den Umkehrschluss ziehen? Ich behaupte: So bestärkend es ist, wenn uns etwas zugetraut wird, uns Vertrauen entgegengebracht wird, ebenso bestärkend ist es, wenn wir unsererseits es fertig bringen zu vertrauen. Nicht auf das Prinzip der Absicherung und der Kontrolle setzen, nicht den anderen mit permanenter Absicherung begegnen, nicht immer sofort meinen, etwas tun zu müssen, sondern meinerseits Vertrauen haben, das bedeutet freilich erst einmal Spannung auszuhalten. Unsicherheit aushalten. Und eben das ist die Aufgabe, die vor uns liegt, wenn wir mit dem Wort des Propheten Jesaja ins Neue Jahr gehen: Statt mir eine Riesenliste der Dinge zu machen, die ich im alten Jahr nicht geschafft habe – und womöglich im neuen Jahr daran zu scheitern: weil ich nicht die ersehnten 5 Kilo abnehme, nicht bis März die Garage ausgeräumt habe, nicht endlich gesünder lebe und mehr zu Fuß laufe ..., statt einer To-do-Liste schlicht die Spannung auszuhalten: Ein neues Jahr wird kommen, ein Jahr, in dem gerade nicht alles anders werden muss oder ich alles anders mache. Spannung aushalten geht nur, wenn ich Vertrauen habe. Aber gerade das fällt uns schwer.

Zum weiteren Verlauf

1. Vertrauen als Aufgabe an uns.

Benennen, was zum Jahreswechsel an Unsicherheiten und Beängstigendem in der Luft liegt. (Zehntausende bangen um ihren Arbeitsplatz oder haben ihn verloren, bangen um ihre Zukunft.) Da wäre es Unsinn scheinbar gläubig zu sagen: Vertraut Gott und habt keine Angst vor der Zukunft. In biblischem Sinne wäre es aber, wenn wir sagen könnten: Vertraut auf eine Solidarität der Menschen, die noch Arbeit haben.

Wenn wir beispielsweise sagen könnten: Die in den Opelwerken ihre Arbeit verlieren, können darauf vertrauen, dass es einen Solidaritätsfond für sie gibt, dass es weiter Kontakte zu ihnen geben wird, dass also Geld und Informationen auch weiter zu ihnen fließen. Vertrauen muss eine Grundlage haben! Und die liegt bei Menschen, die sich an Gottes Wort orientieren, an wirklicher Solidarität. Deswegen ist es unser Part zu sehen, was Gott uns zutraut, wahrzunehmen, dass wir mehr können als nur gleichgültig und resigniert vor der Not zu sitzen. Wir haben Intelligenz und Einfühlung und Kenntnisse. Uns wird zugetraut, das zu nutzen. Aber eben uns ChristInnen gemeinsam! Auch das ist eine Form von Vertrauen, dass wir im Kollektiv angesprochen werden. Nicht mir allein, sondern der Gemeinde Gottes wird etwas zugetraut und sie wird aufgefordert, Vertrauen zu haben! Dazu ist notwendig, sich untereinander auszutauschen.

2. Vertrauen als Aufgabe – im Sinne von Aufgeben, Loslassen – von Kontrolle und Sicherung.
All das soll aber nicht nur ein Imperativ sein, der wiederum Druck erzeugt und uns gerade nicht entspannt ins neue Jahr gehen lässt, sondern wir sind eingeladen zu vertrauen, dass es tatsächlich ein besseres Leben ist, wenn man Gottes Spielregeln befolgt, als wenn man sich bis an die Zähne sichert und absichert. Der große Vertrauenssprung, der uns zugemutet wird, geht nicht in etwas Widervernünftiges, sondern in etwas, das wirklich höher ist als alle Vernunft, nämlich sich nicht den Sachzwängen zu unterwerfen, sondern vielmehr auf eine andere Wirklichkeitsstruktur zu vertrauen, darauf, dass das Lebendige gerade in Zutrauen und Vertrauen gedeiht, nicht im Beschneiden und Kontrollieren.

3. Vertrauen in die Spielregeln Gottes als begründete Hoffnung.
Martin Luther übersetzt »hoffen« statt »vertrauen«. Ein altes Wort für Hoffnung ist Zuversicht. Die Zuversicht sieht etwas, wo noch nichts ist. Hoffnung heißt dann hier: Ich vertraue, dass Gottes Spielregeln klappen, auch wenn es nicht so aussieht. Und ich traue es Menschen zu, nach Gottes Spielregeln zu leben, traue ihnen zu, dass sie solidarisch sind, dass sie andere nicht abschreiben. (Hier können Beispiele genannt werden: Vor hundert Jahren wäre es undenkbar gewesen, dass Frauen Stimmrecht haben, dass sie Führungspositionen besetzen, dass

sie ihr eigenes Geld verdienen. Trotzdem waren die Menschen, die Gal 3,28 geschrieben und weitergegeben haben, voll Zuversicht. Sie haben etwas gesehen, was noch nicht ist. Sie waren beseelt davon, dass es so wirklich ist.) Wer etwas in der Zukunft sieht, sieht es auch in der Gegenwart! Er/sie fühlt in der Gegenwart die Legitimität, danach zu leben.

Zusammenfassend: Mit Stillesein und Hoffen ins neue Jahr zu gehen, das bedeutet: wir trauen den Zusagen der Spielregeln Gottes. Wir sehen etwas, was noch nicht sichtbar ist und leben danach – und dürfen dann die Erfahrung machen, dass wir damit viel entspannter leben.
Zuversicht (individuell) für mich persönlich zu fassen, heißt: Ich brauche nicht an mir zu feilen und zu hobeln, um liebenswert zu sein. Ich darf sein.
Zuversicht (gesellschaftlich) für uns als Ganzes, heißt: Wir glauben daran, dass es uns ChristInnen möglich ist, andere Menschen aufzufangen, zu tragen, Arbeitslose nicht abzustempeln etc. Wir müssen uns nicht abstrampeln, um akzeptabel zu sein, aber wir dürfen strampeln für andere. Wir müssen uns nicht so sehr um uns sorgen und dürfen mit Hoffnung ins neue Jahr gehen und all unsere freie Energie für die Menschen verwenden, die in Not geraten, für Flüchtlinge, Arbeitslose, Obdachlose. (Es sind dies m. E. immer die drei großen Gruppen von Notleidenden in unserer Gesellschaft.) Mit unserer Erfahrung, unserer Kraft, die aus der Stille und dem Lauschen erwächst, finden wir Lösungen, die anders sind als nur die gesellschaftlich vorgegebenen. Es hilft kein blinder Aktionismus. Phantasie und Aktion, die aus Stille und Vertrauen erwachsen, darauf können wir setzen. Auf diesem Weg können wir eine Gegenkraft bilden gegen die Ellenbogenmentalität Europas und der Wohlhabenden. (So wie es die prophetische Botschaft an das kleine Israel zwischen den Lagern der Reichen und Mächtigen der damaligen Welt war: Aus Stillesein und Hoffen, aus Vertrauen erwächst Kraft, die dauernder ist als die Macht der Großreiche.)

Möglicher Schluss

Wäre das nicht ein guter Vorsatz für das neue Jahr? Einmal am Abend jeden Tages innezuhalten, einen Moment lang Abstand zu gewinnen zu dem, was ich getan habe und innezuwerden, dass wir nicht in dem aufgehen, was wir tun. Vielleicht ist es manchmal auch so, dass ich mich damit der Stille aussetze, Schmerzen spüre, Unruhe, Gedanken, die ich lieber verdrängt hätte. Das kann sein. Und das darf sein. Und gerade dann dürfen wir uns im Fühlen und Bedenken mit der Kraft der Stille beschenken lassen. In der Stille bin ich nicht allein, ich bin getragen. Ich darf darauf vertrauen, dass Gott mich sieht. Und dass er mich sieht, heißt nicht: Ich werde kontrolliert, sondern: mir wird etwas zugetraut. So ist Gottes Weg, es mit uns gut zu machen. Immer wieder. Darin ist er unermüdlich. Vertrauen ist gut.

Symbol und Symbolhandlung

Ein Zimmerbrunnen, wie er sich vielfach in Baumärkten und Dekogeschäften findet, im Gottesdienstraum aufgestellt, wäre ein schönes Symbol für Leben/Lebensnotwendiges und Unerschöpflichkeit. Das Wasser steht für das Element von Mühelosigkeit, von Sich-zuströmen-Lassen, es transportiert die Botschaft »es fließt« statt »ich muss machen«.
Ein fließendes Bild für unser Leben: die Lebensquelle ist unerschöpflich, steht uns zur Verfügung, ich darf mich immer wieder neu ins Leben trauen.

Die Kreditkarte als Innbegriff der Verfügbarkeit und Kontrollierbarkeit könnte demonstrativ im Gottesdienst zerschnitten werden – nicht als Aufforderung, ohne Kreditkarte ins neue Jahr zu gehen, sondern nur als Symbol von Durchsichtigkeit und Durchschaubarkeit unserer Existenz. So missbrauchbar sind ihre Daten, können überall hin transportiert, überall nachvollzogen werden, wir werden gleichsam gläsern – das Gegenteil von Vertrauen! Die Zeichenhandlung könnte ausdrücken: kein blindes Vertrauen den falschen Göttern gegenüber!

Kontexte

Bertolt Brecht: Die Ballade vom Wasserrad *(»Freilich dreht das Rad sich immer weiter, / dass, was oben ist, nicht oben bleibt.«)* Die Geschichte schreitet wohl voran, so Brecht, aber meist nach dem Gesetz der Herrschenden. Wir ChristInnen im Gefolge eines Gottes, der geschichtlich handelt, setzen darauf, dass es möglich ist, auch in der realen Geschichte, in unserem Leben, etwas nach anderen Gesetzmäßigkeit, nach den Gesetzen Gottes zu verändern. Immerhin sagte Brecht bekanntlich auf die Frage nach dem Buch, das er auf die einsame Insel mitnehmen würde: »Sie werden lachen, die Bibel.« Er hat demnach wirklich verstanden, dass die Bibel die Vorzeichen der Herrschaft verändern will, nicht nur die jeweilige Herrschaft. In der Doppelung von Radikalität und Lächerlichkeit ist er den Propheten ähnlich.

Statt des Eingangspsalms:
Ich seh ein Land mit neuen Bäumen.
Ich seh ein Haus aus grünem Strauch.
Und einen Fluss mit flinken Fischen
Und einen Himmel aus Hortensien seh ich auch.
Ich seh ein Licht von Unschuld weiß.
Und einen Berg, der unberührt.
Im Tal des Friedens geht ein junger Schäfer,
Der alle Tiere in die Freiheit führt.
Ich hör ein Herz, das tapfer schlägt
In einem Menschen, den es noch nicht gibt,
Doch dessen Ankunft mich schon jetzt bewegt,
Weil er erscheint und seine Feinde liebt.
Das ist die Zeit, die ich nicht mehr erlebe.
Das ist die Welt, die nicht von unsrer Welt.
Sie ist aus fein gesponnenem Gewebe,
Und Freunde: Glaubt und seht: Sie hält.
Das ist das Land, nach dem ich mich so sehne,
Das mir durch Kopf und Körper schwimmt.
Mein Sterbenswort und meine Lebenskantilene:
Dass jeder jeden in die Arme nimmt.
(Hanns Dieter Hüsch: Utopie (Ich seh ein Land mit neuen Bäumen), aus: Hanns Dieter Hüsch/ Uwe Seidel, Ich stehe unter Gottes Schutz, S. 81, 2009/11. © tvd-Verlag Düsseldorf 1996).

Neujahr
Das Evangelium nach Johannes 14,1–6

Angelika Scholte-Reh

Exegetisch-homiletische Skizze

Gottesdienste am Neujahrstag finden in vielen Gemeinden nachmittags statt. Es bietet sich an, die Form des klassisch-liturgischen Gottesdienstes zu verlassen und eine andere Form zu wählen. Dies könnte zum Beispiel ein Gesprächsgottesdienst sein, bei dem die Gottesdienstbesucher und -besucherinnen an Tischen sitzen und miteinander zum Beispiel über Bilder von Wegen und den Predigttext ins Gespräch kommen können. Zum neuen Jahr bietet es sich an, über das Neue, das das Jahr uns bringen wird, nachzudenken, über Pläne und Hoffnungen, Ängste und Fragen. Was zählt im Leben und was zählt im neuen Jahr?

Der Predigttext nimmt die Jahreslosung des Jahres 2010 auf: Jesus Christus spricht: »Euer Herz erschrecke nicht! Glaubt an Gott und glaubt an mich!« (Joh 14,1) Die Jahreslosung für das Jahr 2011 steht im Römerbrief: »Lass dich nicht vom Bösen überwinden, sondern überwinde das Böse mit Gutem.« (Röm 12,21) Sie kann mit dem Predigttext ins Gespräch gebracht werden. Das Gute, den Weg zum Leben, die Kraft der Wahrheit finden wir im Glauben an Jesus Christus und in der Hoffnung, die aus diesem Glauben wächst.

Im Kontext des Johannesevangeliums nimmt der Predigttext zwei Gestaltungselemente des Evangeliums auf. Im Ich-bin-Wort Jesu klingen die anderen Ich-bin-Worte mit, die Ausdruck der »johanneischen Bilderchristologie« (Ruben Zimmermann), Gliederungs- und Erinnerungselemente des Evangeliums sind. Die Perikope steht am Beginn der sogenannten Abschiedsreden Jesu.
Die Ich-bin-Worte Jesu weisen auf die Selbstoffenbarung Gottes im Alten Testament (Ex 3,14; Jes 43,10 f.) und haben die Funktion der Selbst-

offenbarung dessen, der die Erfüllung der Sehnsucht nach wahrem Leben ist: Jesus Christus. Sie vergegenwärtigen – im Präsens gesprochen – den Auferstandenen inmitten der Gemeinde und sind offen für eine Deutung im jeweiligen zeitlichen und biographischen Kontext der Christinnen und Christen.
Gerade das Ich-bin-Wort im Zentrum dieser Perikope zeigt, dass christliche Existenz auch immer heißt, in Bewegung und auf der Suche zu sein, nach dem Weg, den wir gehen können, nach der Wahrheit, die die Grundlage des Lebens ist, nach dem, was Leben in der Tiefe ist: unser Angewiesensein auf die Gegenwart Jesu Christi, der das Kind in der Krippe, der auferstandene Gekreuzigte und der kommende Herr ist. Er ist die Verbindung zwischen Zeit und Ewigkeit, zwischen Erde und Himmel. Das Bildwort vom Weg hält die Geschichtlichkeit der Offenbarung fest: Sie geschah in Jesus Christus und geschieht heute überall dort, wo Menschen sich in ihrem Glauben an Jesus Christus binden. Er ist die Wahrheit und offenbart damit inmitten der relativen Wahrheiten der Welt die eine verlässliche und göttliche Wahrheit, die den Weg zur Fülle des Lebens diesseits und jenseits des Todes eröffnet.

Predigtidee

Wir Menschen sind auf dem Weg zu Gott, unser Leben lang, bis wir bei Gott unser ewiges Zuhause finden. Jesus Christus gibt in seinen Worten und Werken die Richtung an. Das gilt auch für dieses neue Jahr.

Predigtthema

Auf der Schwelle vom alten zum neuen Jahr halten wir inne, sehen zurück, bestimmen unsere Position und schauen auf die Zukunft, aus der uns Jesus Christus entgegenkommt.

Vorschläge zur Liturgie

Lieder: EG 62, Jesus soll die Losung sein; EG 64 Der du die Zeit in Händen hast; EG 361 Befiehl du deine Wege; EG 391 Jesu, geh voran; EG

395 Vertraut den neuen Wegen; Du bist der Weg und die Wahrheit und das Leben (Material zur Bibelwoche 2009, EG 619 – Landeskirchlicher Teil Württemberg); Mögen sich die Wege vor deinen Füßen ebnen (Gottesklang, Das kleine Liederbuch, Nr. 110)

Psalm: Ps 8 (EG)

Klage

Guter Gott,
wir stehen am Scheideweg
und müssen uns immer wieder entscheiden –
zwischen dem Weg der Wahrheit und dem Weg der Lüge,
zwischen dem Weg der Weitherzigkeit und dem Weg der Härte,
zwischen dem Weg der Gerechtigkeit
und dem Weg der Ungerechtigkeit,
zwischen dem schmalen, mühsamen Weg zum Leben
und dem einfachen Weg der Zerstörung.

So kommen wir mit all unseren Fragen und unserer Not zu dir, du Gott des Lebens,
klagen dir unser Unvermögen und unsere Zweifel und bitten dich:
Erbarme dich unser und hilf uns durch deinen lebendigen Geist, unsere Hand voller Vertrauen in deine offene, fürsorgliche Hand zu legen.
Amen.

Zuspruch

Jesus Christus spricht: »Euer Herz erschrecke nicht! Glaubt an Gott und glaubt an mich!
Ich bin der Weg und die Wahrheit und das Leben; niemand kommt zum Vater denn durch mich.« Joh 14,1+6

Tagesgebet

Deinen Weg, Jesus Christus, wollen wir gehen,
den Weg der Wahrheit, ehrlich vor uns selbst und wahrhaftig anderen Menschen gegenüber.

Deinen Weg, Jesus Christus, wollen wir gehen,
den Weg, auf dem wir das Leid und die Not der Welt wahrnehmen

und das Unsrige dazu tun, damit diese Welt wahrhaftiger und gerechter wird.

Deinen Weg, Jesus Christus, wollen wir gehen,
und auch wissen, dass Verzicht und Klarheit Teil dieses Weges sind.

So bitten wir dich, du unser Herr Jesus Christus:
sei du mit deiner Lebendigkeit und Wahrheit
in unserer Mitte, erfülle unsere Gemeinschaft mit deinem Geist
und zeige uns den Weg zum Leben.
Amen.

Lesungen

Alttestamentliche Lesung: Jos 1,1–9
Epistel: Jak 4,13–15

Fürbittengebet

Guter Gott, du unser elterlicher Gott,
wir wollen so gerne einen neuen Anfang wagen,
neue Wege gehen und Grenzen überschreiten,
unsere eigenen Grenzen
und die Grenzen, die die Verhältnisse uns setzen.
Wir bitten dich:
Komm du mit deiner väterlichen Güte
und deiner mütterlichen Fürsorge
und schenke uns und allen Menschen die Zuversicht,
dass die neuen Wege zum Leben führen
und dass es sich um der Zukunft der Welt willen lohnt, sie zu gehen.

Jesus Christus, du Kind in der Krippe und unser kommender Herr,
wir wollen so gerne deinem Weg folgen
und die Welt in all ihrer Gebrochenheit und Unvollkommenheit
im Licht deiner Wahrheit sehen.
Wir bitten dich:
Hilf du uns, die Irrwege und Sackgassen zu sehen,
die Situationen, in denen wir uns verrannt haben,
unsere Fehler und die Chancen wahrzunehmen,
die wir nicht nutzen konnten.
Schenke uns Klarheit
und leite du uns auf dem Weg zum Leben.

Heiliger Geist, du tröstliche Gegenwart des Ewigen in unserer Zeit, wir wollen so gerne die Gräben des Missverstehens und Streites überwinden.
Wir bitten dich:
Berühre unsere Herzen mit deiner Liebe und mach uns mutig, Schuld einzugestehen und um Vergebung zu bitten,
mach uns weitherzig, den oder die andere mit den Augen der Liebe anzusehen
und ihnen zu vergeben, damit Versöhnung möglich wird,
und schenke uns, dass wir uns an gelingendem Miteinander freuen.

Segen

Geh deinen Weg,
behutsam, Schritt für Schritt,
in deinem eigenen Rhythmus, in deiner eigenen Reihenfolge.

Geh deinen Weg
und geh ihn so,
dass du nie den übernächsten vor dem nächsten Schritt tust,
denn wer meint, das Leben im Laufschritt erobern zu müssen,
der kommt allzu leicht ins Stolpern.

Geh deinen Weg
und achte auf dich,
denn nur wer seine Kräfte einteilt und immer wieder eine Pause macht,
um das Schöne zu genießen,
wird auch sein Ziel erreichen.

Geh deinen Weg
und geh ihn selbst,
denn dein Weg, der mit dem ersten Schritt beginnt, entsteht nur,
wenn du ihn gehst.
Niemand ist ihn vor dir gegangen und niemand wird ihn nach dir gehen.

Geh deinen Weg
und nimm die wahr, die mit dir auf dem Weg sind,
die dir manches zu schenken haben, denen du manches zu geben hast.

Geh deinen Weg
und sei gewiss:

Jesus Christus, der der Weg und die Wahrheit und das Leben ist,
kommt dir entgegen.
Amen.

Vorschlag zur Predigt

Möglicher Anfang

Wir stehen an der Schwelle vom alten in das neue Jahr. So lassen wir das Vergangene hinter uns zurück und öffnen uns dem Neuen, erwartungsvoll und mit der Hoffnung im Herzen, dieses neue Jahr möge uns Segen bringen.
Auf den Weg ins neue Jahr gehen wir mit Fragen und Erwartungen: Was wird es uns bringen? Werden sich unsere Hoffnungen erfüllen? Und: Wie finden wir Orientierung für unseren Weg in den Möglichkeiten und Unsicherheiten der Welt?
Voller Zuspruch ist der Bibeltext, für diesen ersten Tag des neuen Jahres: *Joh 4,1–6 lesen*

»Euer Herz erschrecke nicht!«, sagt Jesus. »Keine Angst!« Ich gehe mit euch, ja ich gehe euch voraus, um euch ein Zuhause vorzubereiten, einen Ort, an dem ihr eines Tages all die Fragen und Unsicherheiten des Lebens hinter euch lassen und bleiben könnt.

Wir verabschieden uns von dem alten Jahr, das hinter uns liegt, und sehen auf das neue Jahr, das heute beginnt. Jesus verabschiedet sich von seinen Jüngerinnen und Jüngern. Er geht voraus, zum Vater, dorthin, wo sie alle eines Tages eine Wohnung und einen Ort zum Bleiben finden werden.
Freundlich und seelsorgerlich nimmt Jesus die Verunsicherung wahr, die das Herz der Jüngerinnen und Jünger erschreckt, »verzagt« sein lässt. Wie soll es ohne ihn weitergehen? Wer wird ihnen den rechten Weg zeigen und ihnen helfen, sich in den Möglichkeiten und Unsicherheiten der Welt zu orientieren?
Wer zeigt uns den Weg in diesem neuen Jahr?
»Ich!«, antwortet Jesus auf die Frage des zweifelnden Thomas. »Ich bin der Weg und die Wahrheit und das Leben!« Wer mir nachfolgt, der wird den Weg finden, den er oder sie gehen soll.

Zum weiteren Verlauf

Wenn wir wie heute an einer Schwelle stehen, so lohnt es sich zurückzusehen.

Wenn Sie, liebe Gemeinde, auf das vergangene Jahr blicken: was hat es Ihnen an Segen und Gutem gebracht? Welche Erinnerungen werden Sie voller Dankbarkeit mitnehmen? Und was werden sie mit einem tiefen Durchatmen der Erleichterung zurücklassen? Was liegt nun hinter Ihnen? Welche Wege hat das alte Jahr Sie geführt und was haben Sie auf diesen Wegen gelernt? Wo sind Sie gewachsen, haben sich verändert, haben Erfahrungen hinzugewonnen? Wo auch haben Sie Gottes Wirken in ihrem Leben gespürt, seine Fürsorge und seinen Segen?

Meine Erfahrung ist, dass ich Gottes Wirken oft erst im Blick zurück erahnen und verstehen kann. Was uns, wenn wir mitten in einer Krise stecken, wie ein großes Unglück erscheint, erweist sich im Blick zurück als Glück, das uns neue Perspektiven eröffnet und uns einen Weg geführt hat, den wir sonst nicht gegangen wären. Gott geht mit, auch durch die dunklen und angstvollen Zeiten unseres Lebens. Gott geht mit, auch vom alten in dieses neue Jahr.

Wenn wir wie heute an einer Schwelle stehen, so lohnt es sich innezuhalten.

Was zeigt uns den Weg in das Neue Jahr? Welchen Weg wollen wir gehen? Die Jüngerinnen und Jünger Jesu sind verunsichert. Wie soll es weitergehen, wenn Jesus nicht mehr bei ihnen ist? Wer wird ihnen sagen, was sie zu tun, wie sie sich zu verhalten haben? »Glaubt an Gott und glaubt an mich!«, sagt Jesus. Der Glaube – so verstehe ich das – gibt uns Orientierung für den Weg des Lebens.

Der Glaube, unser Glaube, zeigt uns Perspektiven. Die Zukunft ist offen, will gestaltet werden, mit Mut zum Neuen. Dass das Neue und Unbekannte auch Angst macht, Unsicherheiten in sich trägt, ist selbstverständlich. Der Glaube schenkt uns das Vertrauen, dass wir nicht allein gehen. Jesus Christus geht mit, zeigt uns den Weg. Er kommt uns aus der Zukunft entgegen.

Für mich ist es eine schöne Erfahrung, dass die Neuanfänge meines Lebens immer auch einen Zauber in sich tragen, eine Verheißung. Wo ich Neuanfänge gewagt habe, sind mir die neuen Wege zum Segen geworden. Ich habe neue Menschen kennengelernt, die Liebe gefunden, Neues entdecken und gestalten können. Und gerade dann, wenn ich voller Angst und Sorge war, habe ich erlebt, wie der Vers aus dem Lied »Befiehl du deine Wege« mir ein tröstliches und die Zukunft eröffnendes Leitwort ins Herz gab: »Der Wolken, Luft und Winden gibt Wege, Lauf und Bahn, der wird auch Wege finden, da dein Fuß gehen kann.« Das klingt so einfach und ist so schwer zu glauben, wenn Unbekanntes auf uns zukommt. Im Blick zurück ist es dann genau so: Gott hat Wege gefunden, auf denen ich gehen konnte und die mir und anderen zum Segen wurden.

Der Glaube, unser Glaube, hilft uns, die Werte und Wertigkeiten der Welt zu ordnen. Der Maßstab, den Jesus Christus uns mit auf den Weg gibt, ist die Menschenliebe Gottes. Wer seine Mitmenschen mit den liebenden Augen Gottes ansieht und in dem oder der anderen einen Menschen sieht, der Not und Leid erlebt hat und für den Jesus Christus – wie für mich – am Kreuz gestorben ist, der wird seinen Mitmenschen mit Respekt und Liebe begegnen, mit ihm oder ihr das Misslungene und das Leidvolle betrauern, sich mit ihm oder ihr an dem Gelingen und dem Guten freuen und sich für das Leben einsetzen.

Der Glaube, unser Glaube, weist uns den Weg zur Wahrheit. Denn die Wahrheit ist: Wir haben ein Bürgerrecht auf dieser Erde und den Auftrag, unser Leben in Verantwortung vor Gott zu gestalten, und wir haben ein Zuhause im Himmel, bei Gott, der uns eines Tages in seiner Gegenwart willkommen heißen wird und jetzt liebevoll mit uns auf dem Weg ist.

Wenn wir, wie heute, an einer Schwelle stehen, so lohnt es sich, in die Zukunft zu blicken.
Was uns erwartet? Gottes Reich und ein Zuhause bei Gott. Gott kommt uns aus der Zukunft entgegen und sucht uns, voller Sehnsucht und unsere Antwort erwartend. Wir sind aus Gottes Güte entstanden und Gott sehnt sich nach uns, nach unserer Antwort, danach, dass wir unser Leben seiner Güte und Freundlichkeit anvertrauen.

Möglicher Schluss

Wir stehen an der Schwelle vom alten in das neue Jahr. Gott verheißt uns Segen. »Vertraue mir!«, sagt Jesus. Er geht mit uns, zeigt uns den

Weg zum Leben. Die Wahrheit des Glaubens bestimmt den Charakter dieses Weges, und das Leben, das Gott uns in Jesus Christus schenkt, ist der Ursprung der Wahrheit, dass Gott sich nach uns sehnt und für uns da sein will:
»Glaub nicht, nur du suchtest ihn. Längst ist er auf dem Weg zu dir. Glaub nicht, nur du ersehntest ihn. Noch bevor du geatmet, sehnt sich Gott nach dir.«
(Theresia Hauser)

Kontexte

Meinst du, es läge auf der Straße deines Lebens
auch nur ein Stein, ein hindernder, vergebens.
Er mag nun hässlich groß sein oder klein,
glaub nur: Da wo er liegt, da muss er sein.
Gewiss nicht, um dein Weitergehen zu hindern,
gewiss nicht, um dir Kraft und Mut zu mindern.
Nur darum legte in den ebnen Sand
des Weges ihn dir eine gütige Hand,
damit du dir den Stein recht sollst beschauen
und dann mit Gott in gläubigem Vertrauen
darüber reden sollst und sollst ihn fragen,
was er dir mit dem Hindernis will sagen.
Und bist du Gott an jedem Stein begegnet,
so hat dich jeder Stein genug gesegnet.
(Quelle unbekannt)

Gott versah die Wahrheit mit vielen Türen, um jeden Gläubigen willkommen zu heißen, sobald er anklopft.
(Khalil Gibran)

Tipp zum Text

Vielfältiges Material zu Joh 14 findet sich im Begleitheft für die Bibelwoche 2009: »Fenster zum Himmel«. Die Ich-bin-Worte des Johannesevangeliums, Neukirchen-Vluyn, 2008.

1. Sonntag nach Weihnachten
Das Evangelium nach Matthäus 2,13–18(23)

Johannes Gerrit Funke

Exegetisch-homiletische Skizze

Dreimal wechselt die Perikope die Szene (Josephs Traum und die Flucht – das Blutbad in Bethlehem – Rückkehr der Familie nach Israel). Innerhalb jedes Abschnitts folgt auf einen kurzen narrativen Teil jeweils ein Hinweis auf prophetische Verheißungen. Erzählt wird auf solche Weise eine Sequenz von Ereignissen, deren unsichtbarer Hintergrund für die Hörer und Hörerinnen des Evangeliums transparent gemacht wird. Die prophetischen Weissagungen geben Richtung und Ziel der Wege Gottes an, wo diese ins Verborgene eintauchen. Sie machen uns zu stillen Mitwissenden an Gottes geheimen Pfaden.

Die verborgene Heimlichkeit, in die Gottes Wege mit dieser Geschichte eintauchen, kommt zum einen im Motiv der Träume zum Ausdruck, in denen Joseph durch einen Engel die entscheidenden Botschaften »gesteckt« bekommt, zum anderen in dem nächtlichen Aufbruch. Was sich abspielt, erinnert an politische Widerstandsarbeit im Untergrund. Das von Maria geborene Kind, auf das die Verheißungen in V. 15/23 bezogen werden, wird an den tödlichen Anschlägen, die auf es gerichtet sind, regelrecht vorbeigeschleust. Doch indem dieses eine Kind bewahrt wird, bahnt sich auch eine befreiende Rettung für die ganze Schöpfung an, wie sie sich bereits in Mt 1,20 mit dem Namen Jesus (»Gott rettet«) ankündigt. Auf seinen verborgenen Wegen, auf denen die tödliche Absicht des Herodes regelrecht ausgetrickst wird, kommt Gott allem nahe, was der Tod wie im Keim erstickt hat und im Verborgenen gefangen hält. Man könnte beinahe sagen: Mit der heimlichen Flucht in den »Untergrund« eines Asyls in Ägypten, beginnt jener Weg, auf dem Christus einst in das Reich des Todes eindringen wird, um die herauszuführen, die dort wie Geiseln gefangen gehalten sind.

Dabei lässt sich das Motiv des Traums homiletisch nutzen, indem es

uns an Anteile unseres Erlebens erinnert, die wir in verborgenen Winkeln unserer Seele aufbewahren und mit denen sich in die (öffentliche) gemeinsame Geschichte einzubringen oft sehr schwer ist.
Auffällig sind mehrere Anklänge der Perikope an die Vorgeschichte des Exodus aus Ägypten. Man vergleiche etwa V.13 mit Ex 2,15, V.16 mit Ex 1,22a, V.20 mit Ex 4,19b. Man kann geradezu von einer Pharao-Herodes-Typologie sprechen. Von der Untat des Herodes wird erzählt wie von einem Symbol für ein tödliches Mahlwerk, das sich mit unserer Weltgeschichte zugleich mitzudrehen scheint. Seine »öffentlichsten« Exzesse erfolgen immer wieder in Massakern, Blutbädern und ähnlichen versuchten »Endlösungen« – ganz ähnlich wie bei dem Gräuel, das in V.16 ausgemalt und in V.17f. mit fiktivem »Ton« unterlegt wird. Dieses verborgene tödliche Mahlwerk »produziert« ganze Welten voller ungelebten Lebens und ungehörter Notschreie. Es greift nach Menschen und droht, sich unserer zu bemächtigen, indem wir von einem Tunnelblick erfasst werden, der uns Leben hauptsächlich als Ort von Konkurrenz und Rivalitäten bzw. als Kampf ums Dasein wahrnehmen und entsprechend gestalten lässt.
Die Perikope endet mit dem Hinweis auf den Beinamen »Nazaraios«, der Nazaräer. Vieles spricht dafür, dass das Evangelium hier jene Verheißungen Jesajas vor Augen hat, die von Gottes »Spross« (hebräisch: nezär) handeln (vgl. Jes 11,1ff.; 60,21). Da ist zum einen der sprachliche Anklang. Hinzu kommt, dass das Motiv des jungen pflanzlichen Triebs hervorragend zu dieser von Kinderschicksalen randvollen Geschichte passt, zumal Jes 11,8 die ganze messianische Verheißung ausdrücklich auf Kinder bezieht (wenn Gottes Spross sein Werk getan hat, wird jedes Kind gefahrlos spielen können, wo immer es mag).

Predigtidee

In der Bewahrung des einen Kindes auf (Flucht-)Wegen dringt Gott in jene Verborgenheit ein, in der kaum gelebte Lebendigkeit wie von einem tödlichen Mahlwerk zerrieben wird. Die prophetischen Verheißungen machen uns zu stillen Mitwissenden des Ziels, auf das Gottes verborgene Wege uns befreiend hinausführen.

Predigtthema

Die Verheißung einer gelösten und vom Tod befreiten Lebendigkeit für Gottes Schöpfung.

Vorschläge zur Liturgie

Kyrie (Klage und Bekenntnis)

Du, unser Gott, hast Jesus bewahrt, als tödliche Absichten schon auf ihn gerichtet waren, kaum dass er geboren war.
Wir legen dir alles Leben vor, dass sich nicht voll entfalten kann, sei es unter uns, sei es in uns. Kinder leiden Hunger, inzwischen sogar auch in unserem Land wieder. Sie werden geschlagen, beschämt, traumatisiert. Andere Kinder werden in Kriegsgebieten getötet oder schwerstverletzt.
Vor dich bringen wir jetzt auch alles, was in unserem Leben unentfaltet auf der Strecke blieb – ausgeträumte Träume, begrabene Hoffnungen, ungenutzte schöpferische Kräfte, ungehörte Schreie der Not.
Gott, erbarme dich! Kyrie eleison!

Wir bekennen vor dir, lebendiger Gott, dass wir das gemeinsame Leben oft nur in Mustern wahrnehmen, mit denen wir seiner Fülle nicht gerecht werden. Auch wir jagen immer wieder mit verengtem Blick dem angeblichen Glück oder vermeintlichen Sicherheiten nach. Wir verhalten uns so, als wenn der Wettbewerb alle wichtigen Bereiche des Lebens bestimmen dürfte. Wir lassen uns von den Parolen beeinflussen, die uns auf Konkurrenz einschwören, so als gelte es, ihr immerfort zu huldigen.
Wir bitten dich, dass du uns aus solchen Verengungen durch den Hauch deines Mundes befreist.
Gott, erbarme dich! Kyrie eleison!

Zuspruch

Jes 60,21 (eine der Verheißungen vom »Spross Gottes«)

Lesung

Jes 11,1–10 (eine weitere Verheißung vom »Spross Gottes«)

Liedvorschlag

Wenn das rote Meer grüne Welle hat (B 46 in: Mein Liederbuch für heute und morgen, tvd-Verlag)

Fürbittengebet

Du, unser Gott, wir danken dir für die Verheißung, mit der du in Jesus Christus zu uns gesprochen hast, so wie dein Bote zu Joseph im Traum gesprochen hat, und daraufhin das Kind vom Stall in Bethlehem vor tödlichen Anschlägen bewahrt blieb.

Wir denken jetzt vor dir an alle Menschen, die aus Kriegsgebieten fliehen oder weil sie politisch verfolgt werden. Wir denken auch an diejenigen, die aus wirtschaftlich menschenunwürdigen Verhältnissen heraus fliehen und versuchen, zu uns in die reicheren Länder zu gelangen. Lass uns nie oberflächlich über sie urteilen oder reden, sondern so, wie es der Rettung und Bewahrung entspricht, die wir selbst erfahren haben.

Wir denken vor dir an alle Kinder dieser Erde, besonders an die, die vom ersten Tag ihres Lebens an unter elenden Bedingungen aufwachsen. Wir denken an die Kinder, die in Kriegsgebieten leben und an alle diejenigen, die körperliche oder seelische Gewalt erleben.
Lass in uns bei jeder Begegnung mit Kindern eine Erinnerung an deine Geschichte mit dem Kind von Bethlehem wach werden.

Wir denken vor dir an alle, die vom Wettbewerb im Leben so geprägt werden, dass sie das gemeinsame Dasein nur noch mit einem entsprechenden Tunnelblick wahrnehmen. Wir bitten dich: fange bei uns damit an, dass Hoffnungen und Sehnsüchte weit werden und sich nach deinen Verheißungen ausrichten.

Vorschlag zur Predigt

Möglicher Anfang

Mit einer Flucht beginnt die Geschichte. Es ist, als weiche Gott mit seinen Wegen ins Verborgene aus, als tauche er regelrecht ab, um unentdeckt zu bleiben. Doch am Ende erhält Jesus, das Kind von Bethlehem, einen verheißungsvollen Beinamen. »Nazaräer« wird er genannt. Mit diesem Beinamen werden wir zu stillen Mitwissern an seiner Geschichte und erfahren von Anfang an, dass Gottes Wege ins Freie zurückkehren werden. Ja, befreiend für die gesamte Schöpfung werden sie dann sein. Das deutet der verheißungsvolle Name »Jesus der Nazaräer« an. Er hängt einmal mit dem Ort Nazareth zusammen, wo das Kind von Bethlehem aufwachsen wird. Aber der Evangelist hört in ihm auch alte prophetische Weissagungen anklingen. In der hebräischen Sprache, in der die prophetischen Verheißungen überliefert sind, gibt es das Wort »nezär«. Es bezeichnet einen pflanzlichen Spross, einen ganz frischen Trieb. Damit erinnert der Name »Nazaraios« von fern an einige Verheißungen des Propheten Jesaja. Sie erzählen von Gottes Spross. Eine dieser Verheißungen berührt die Geschichte aus Jesu frühester Kindheit sogar an einem bemerkenswerten Detail. Sie erzählt nämlich, wie er dafür sorgen wird, dass einmal jedes Kind vollkommen gefahrlos spielen kann, wo immer es spielen mag. Er wird sich stark und mächtig, wenn auch unblutig mit dem Hauch seines Mundes allem entgegenstellen, was gelöste Lebendigkeit in Gottes Schöpfung wie eine Geisel gefangen hält. Durch ihn werden Tiere wie Menschen wieder auf die Spur solcher gelösten Lebendigkeit finden. Alle entfalten endlich nur noch die ganze Fülle, die in ihnen steckt und teilen eine gemeinsame Freude daran.

Zum weiteren Verlauf

In der Lebensgeschichte des Kindes von Bethlehem hat Gott die Spuren dieses seines Sprosses ganz tief mitten in unsere Weltgeschichte hineingeschrieben.

Vorerst verlaufen die Wege dieser Geschichte freilich im Verborgenen (Flucht in der Nacht; Joseph erhält die Botschaften im Traum). Es geht zu wie bei einer geheimen Aktion im Untergrund, den eine Widerstandsgruppe plant.

Anhand des Motivs vom Traum komme ich dann auf unsere persönlichen Erfahrungen mit Träumen und Hoffnungen zu sprechen, die wir schon begraben haben oder die bestenfalls noch in uns verborgen schlummern. Wir vermochten viele Entfaltungsmöglichkeiten nicht in eine gemeinsame Geschichte mit anderen Menschen einzubringen, sondern hüten sie wie stille Geheimnisse. Gott kommt auf seinen Wegen auf sie zu und verheißt, sie so zu befreien, dass sie sich zu gemeinsamer Freude aller entfalten werden.

Als Kontrast erscheint Herodes – das Leben vor allem unter dem Blickwinkel potenzieller Konkurrenz gesehen. Er steht für das genaue Gegenteil einer gelösten Lebendigkeit, die sich zu gemeinsamer Freude auftun möchte. Herodes wird im Evangelium zur Symbolfigur (man kann das durch die Analogie zum Pharao aus dem Exodusbuch erläutern). Das Blutbad in Bethlehem steht stellvertretend für alle Exzesse eines tödlichen Mahlwerks, welches sich mitten in unserer Weltgeschichte dreht. Da wird gelöste Lebendigkeit wie im Keim erstickt. Es häufen sich stattdessen ganze unsichtbare Welten voller ungelebt bleibenden Lebens, voller ungehört verhallender Notschreie. Ich verdeutliche das an Kinderschicksalen der Gegenwart (z. B. Kindersoldaten, Kinder, die auf Müllbergen anwachsen, Kinderarmut, traumatisierte Kinder). Aber es bleibt wohl niemand ungeschoren von diesem tödlichen Mahlwerk. Wir werden Opfer der von ihm ausgehenden »Auslese« (ungelebte Entfaltungen in uns). Wir geraten unter seinen Bann (Wahrnehmung des Miteinanders als Konkurrenz und Wettbewerb und entsprechende Tunnelblicke).
Von da aus komme ich zurück auf den Beinamen »Nazaräer« und seine Verheißung. Gottes Wege verlaufen wie geheime Wege im Verborgenen, um den Tod und sein tödliches Mahlwerk so auszutricksen, wie in der Geschichte des Evangeliums Herodes genarrt wird. Gott hat das Kind hier bewahrt.
Doch wird der Tod Jesus einmal erreichen. Als das an dessen Kreuz geschieht, kam er jedoch zu spät. Denn zusammen mit dem Gekreuzigten war Gott mit dorthin eingedrungen, wo sonst niemand eindringen kann. Wir sind nicht mehr allein mit dem Tod wie an einem verborgenem Ort als dessen Geiseln gefangen. Im Gegenteil: Gottes Wege führen von dort wieder heraus ins Freie. Gott bahnt Rettungswege im Verborgenen (Hinweis auf die Bedeutung des Namens Jesu, wie der Mt 1,20 dem Joseph im Traum erläutert wird, kann hier hilfreich sein). Diese werden einmal allein alles Verborgene ausfüllen, und was darin wie gefangen war, darf sich dann als gelöste Lebendigkeit zu gemeinsamer Freude in seiner Fülle entfalten.

Möglicher Schluss

Wo immer uns aber schon jetzt in unserem Leben Spuren des Todes begegnen, können wir ihnen mit Gottes Verheißung zu trotzen beginnen, damit er uns nicht in seinen Bann zu ziehen vermag. Wir können schon jetzt aus aller Bewahrung, die wir bis heute erlebt haben und ohne die wir gar nicht hier wären, eine gelöste Lebendigkeit beziehen, so als seien wir jedes Mal auf verborgene Weise wie aus dem Tod heraus errettet worden. Wann immer wir auch nur einen Hauch solcher gelösten Lebendigkeit in uns spüren, ist es, als ob das wie ein Hauch aus dem Munde von Gottes Spross ist, mit dem dieser nach der alten Verheißung Jesajas das tödliche Mahlwerk in unserer Geschichte überwindet.

Kontexte

Maria von Welser, Fernsehjournalistin und stellvertretende Vorsitzende von UNICEF Deutschland, beschreibt in Ihrem Buch »Leben im Teufelskreis« das Schicksal von drei Kindern, stellvertretend für fast drei Millionen. Einleitend stellt sie fest:

»Erstaunlicherweise scheint es viele Menschen hier nicht wirklich zu berühren, wenn sie von Kinderarmut hören. Offensichtlich können sie sich das nicht vorstellen. Aber wenn schon das Mitgefühl fehlt, dann sollten wir unseren Verstand und unser ökonomisches Denken einschalten. Denn es geht um existenzielle Fragen: Welches Land kann es sich wirklich leisten, rund drei Millionen Kinder als benachteiligte Randgruppe aufwachsen zu lassen? Inzwischen gibt es Familien, die in der dritten Generation von Sozialgeld leben und dabei immer mehr verelenden. Auf der anderen Seite sehen Politiker tatenlos zu, jammern, wir bekämen zu wenige Kinder, wir würden vergreisen und eines Tages könnten die noch vorhandenen wenigen Kinder die Renten für die ältere Generation nicht mehr erwirtschaften. Adieu Generationenvertrag.

Die traurige Wahrheit aber lautet: Menschen ohne Arbeit und in Armut geben stets aufs Neue ihre Armut weiter. Sie scheint erblich, wenn auch nur im übertragenen Sinn: Ein Teufelskreis, den es dringend zu durchbrechen gilt.

Denn wir brauchen jeden jungen Menschen. Gut ausgebildet und engagiert.«

(Maria von Welser, Leben im Teufelskreis. Kinderarmut in Deutschland – und keiner sieht hin. © 2009 by Gütersloher Verlagshaus/Verlagsgruppe Random House GmbH, Gütersloh)

Das Leben aller Menschen ist von Tagträumen durchzogen, darin ist ein Teil lediglich schale, auch entnervende Flucht, auch Beute für Betrüger, aber ein anderer Teil reizt auf, lässt mit dem schlecht Vorhandenen sich nicht abfinden ... Dieser andere Teil hat das Hoffen im Kern.

(Textauszug aus: Ernst Bloch, Das Prinzip Hoffnung, Erster Band, S. 1. © Suhrkamp Verlag, Frankfurt am Main 1973)

Wir müssen den Traum wiederfinden, der am Herdfeuer unserer Seele liegt.

(John O'Donnehue; meine Fundstelle: Werkheft zum Männersonntag 2009. Material zu Jahresthema, hrsg. Von der Arbeitsgemeinschaft der Männerarbeit der EKD, S. 7)

Das Verhältnis zwischen den Menschen ist in der Existenzweise des Habens durch Rivalität, Antagonismus und Furcht gekennzeichnet ... In der Existenzweise des Seins kann mehr als ein Mensch, können in der Tat Millionen von Menschen sich an der gleichen Sache erfreuen ... Diese Tatsache ... bewirkt eines der tiefsten Erlebnisse menschlichen Glücks, geteilte Freude.
(Erich Fromm, Haben oder Sein, Gesamtausgabe Bd. II, S. 350 + 352. © 1989 by DVA/Verlagsgruppe Random House GmbH, München)

Zu Herodes fand ich folgenden sarkastischen Witzspruch des Kaisers Augustus: »Bei Herodes ist man besser Sau im Stall als Sohn im Haus«. So frei übersetzt nach Walter Grundmann, Das Evangelium nach Matthäus, Berlin 1971, S. 84, wo die lateinische Fassung wie folgt zitiert wird: »Melius est Herodis porcum (hyn) esse quam filium (hyion).«

Epiphanias
Das Evangelium nach Johannes 1,15–18

Martin Franke

Exegetisch-homiletische Skizze

Die Abgrenzung der Perikope ist problematisch: Einerseits gehören die Verse 15 bis 18 offensichtlich zum einleitenden Logos-Hymnus des Johannes-Evangeliums. Andererseits sind in diesen Prolog mit 1,6–8 und 1,15 auch Verse eingefügt, die sich kritisch mit der Funktion des Täufers und der Theologie einer Täufer-Gemeinde auseinandersetzen.
Wer mit Vers 15 beginnt, wird diese Auseinandersetzung betonen. Mir erscheint es sinnvoller, Vers 14 in den Predigttext miteinzuschließen, ohne den »perì autou« und »houtos« in Vers 15 auf gar kein Subjekt verweisen. Die Predigthörerinnen und -hörer müssten sonst voraussetzen, dass von Jesus Christus die Rede ist. Vor Vers 17 fällt dieser Name jedoch gar nicht! Es ist nur vom Logos die Rede, der bei Gott war, Fleisch wurde sowie Leben und Licht der Menschen. (Vgl. Klaus Wengst: Das Johannesevangelium 1.Teilband, 2. Aufl. 2004, Stuttgart, S. 45–47, der einen Einschnitt zwischen Vers 13 und 14 sieht, zwischen einem ersten berichtenden und einem zweiten bekennenden Teil, in dem die 1. Person Plural dominiert.)
Von der Fülle der exegetischen Einsichten zum Prolog sind mir drei Aspekte für die Gottesdienstvorbereitung wichtig geworden:
1. Die im Predigttext (1,15) etwas unvermittelte Präexistenz des Logos leuchtet im Kontext des gesamten Prologs und seiner Schöpfungsverweise ein: Wie Gottes Wort am Anfang die Welt geschaffen hat, so erschafft sein Wort in Christus die Gemeinde. Erschafft Gottes Wort nicht im Sinne einer creatio continua bis heute Gemeinschaft und christliche Gemeinden? Auch hier bei uns?
2. Der Prolog ist ein bekenntnisartiger Hymnus der damaligen Gemeinde, der als Vorwort klarstellt, dass es »im Evangelium bei der Darstellung der Geschichte Jesu um nichts weniger als um Gott selbst geht […]« (Wengst, S. 49).

Angesichts der Auseinandersetzung um den Synagogenausschluss der Christusanhänger (Wengst, S. 23–30) war dieses Zeugnis zur Festigung der judenchristlichen Gemeinde notwendig. Die geprägte Sprache des Hymnus setzt m. E. den Gottesdienst als Sitz im Leben voraus (ähnlich wie später das Apostolikum): Vermutlich wurde er während der gottesdienstlichen Feier vorgelesen oder sogar mitgesprochen. Er dient der Selbstvergewisserung und dem Lob, aber gerade in den Versen 6–8 und 15 auch der Abgrenzung gegen andere Glaubensauffassungen. Was tun wir heute, um uns unseres Glaubens neu zu vergewissern?
3. Ein wesentlicher Unterschied der johanneischen Gemeinde zur Täuferbewegung scheint mir nicht nur die Öffnung von einer Bußbewegung, die fastet und sich in der Wüste taufen lässt, auf eine Gemeinde für (fast) alle Schichten zu sein. Vielmehr erhofft die jüdisch-apokalyptische Täuferbewegung im nahen Gericht neben der Rettung der Gerechten und rechtzeitig Umgekehrten auch die endgültige Verwerfung der Ungerechten vgl. Ekkehard W. Stegemann (Wolfgang Stegemann: Urchristliche Sozialgeschichte, 2. Aufl. 1997, Stuttgart, S. 152–181). Die johanneische Gemeinde hingegen begreift nach und nach Gewaltlosigkeit bis hin zur Feindesliebe als zentralen Glaubenssatz. Durch diese in Jesus offenbarte Liebe wird letztlich auch der Wunsch nach einer ewigen Vergeltung im Gottesgericht problematisch. Wo kennen wir tätige Gewaltfreiheit, die Gemeinschaft aufbaut?

Predigtidee

Entdeckungen verändern nicht nur Gegenwart und Zukunft, sondern auch unsere Konstruktion der Vergangenheit; sie setzen voraus, dass das neu Erkannte schon in der Vergangenheit da war. Insofern ist Präexistenz (Joh 1,15) ebenso alltäglich wie erleuchtend.

Predigtthema

Die von Jesus gelebte Gewaltlosigkeit verändert Menschen und Umstände bis heute. In der gewaltfreien Revolution von 1989 wird dies beispielhaft erkennbar: Die Mauer fällt nicht nur wegen Staatsbankrott und günstiger Umstände in Russland, Polen und Ungarn. Sie fällt auch, weil tausende Menschen nicht mehr an die Mauer und die Unveränderbarkeit der Umstände glauben. Und weil z. B. in den Leipziger Friedensgebeten Gottes Wort wie schon im Johannesevangelium Gemeinde erschaffen hat.

Vorschläge zur Liturgie

Votum

Wir feiern diesen Gottesdienst
im Namen Gottes – Licht des Ursprungs,
im Namen Jesu Christi – Licht der Gemeinschaft,
im Namen der Heiligen Geistkraft – Licht der Erkenntnis.

Psalm

Die vorgeschlagene Auswahl von Ps 72 (nicht im EG) passt kaum zu Johannes, da sie die Anbetung der Könige fokussiert. Ebenso betont der alternative Ps 100 (EG) eher das Kommen der Menschen zum Tempel als die Epiphanie Gottes in Joh 1.
Hingegen könnte F. K. Barths Nachdichtung von Joel 3 als Introitus die Neuerkenntnis (Präexistenz, s. o.) und geschichtliche Wirksamkeit Gottes betonen:

Gottes Geist bewegt alles Natürliche,
Leben weckt er, das Zukunft hat.
Die Alten werden Einsichten haben,
den Jungen deckt sich Wahrheit auf.
Unmündige und kleine Leute
werden frei durch den Geist.
Im wüsten Land brechen Quellen hervor,
die Dürstenden leben auf wie frisches Grün.
Gottes Geist bewegt die Geschichte,
Leben weckt er, das Zukunft hat.
Friedrich Karl Barth

Kyrie
Weihnachten habe ich gefeiert.
Doch wie schnell holt mich der Alltag wieder ein.
Groß war meine Hoffnung und glanzvoll das Fest deiner Liebe.
Aber trägt mein Vertrauen auf dich, Gott?
Oder siegen doch Zweifel und Finsternis in mir?

Gloria
Ich will nicht länger klagen – denn:
»Du bist es, die mein Licht leuchten lässt,
die Lebendige, meine Gottheit, macht meine Finsternis hell.«
(Ps 18,29 BigS)

Gebet zum Eingang
Gott, du bist zu uns gekommen mit deinem Licht.
Schenke uns die Augen und die Herzen,
deinen Glanz auch wahrzunehmen:
die Hoffnung in jeder Gemeinschaft,
die Liebe in jedem Zeichen des Vertrauens,
den Glauben in allem, was lebt –
und deine Herrlichkeit in jedem noch so unsicheren Schritt.

Lesung
Passend greift die alttestamentliche Lesung aus Jes 60,1–6 die »Herrlichkeit« aus Joh 1,14 auf und macht zugleich die bedrückende Situation deutlich (»Finsternis bedeckt das Erdreich und Dunkel die Völker«). So wird die Dialektik, die hinter dem scheinbar nur jubelnd positiven Johannestext steht, deutlich. Sie wird auch im weiteren Johannesevangelium mit den Begriffen Finsternis und Licht beschrieben, die untrennbar aufeinander verweisen.

Lieder: EG 56 Weil Gott in tiefster Nacht erschienen; EG 74 Du Morgenstern, du Licht vom Licht; EG 410 Christus, das Licht der Welt; EG 557 Ein Licht geht uns auf (Hessen-Nassau); EG 572 Gottes Wort ist wie Licht in der Nacht (Hessen-Nassau). Außerdem in: Singen von deiner Gerechtigkeit, Gütersloh 2005, Nr. 99 Meine Hoffnung und meine Freude und Nr. 141 In der Mitte der Nacht.

Vorschlag zur Predigt

Möglicher Anfang

»Die Menschen hielten Kerzen in den Händen, schützten die Flammen gegen den Wind. Dafür benötigt man beide Hände, weshalb die Option für die Kerze gleichzusetzen ist mit der Option für die Gewaltlosigkeit«, beschreibt Pfarrer Christian Führer die Montagsdemonstration am 9. Oktober 1989 mit 70 000 Menschen auf dem Leipziger Ring. Kerzenlicht gegen die Gewalt, gegen die Ohnmacht, gegen die Unmenschlichkeit.

Am Anfang des Johannes-Evangeliums ist viel von Licht die Rede: Das Wort ist nicht nur Fleisch geworden, hat menschliche Gestalt angenommen, es war auch »das Leben und das Licht der Menschen« (Joh 1,4) – ja, sogar Herrlichkeit. Welch ein Unterschied zur vertrauten Weihnachtsgeschichte des Lukas: In der Fremde wird ein Kind geboren, in einem armseligen Stall. Kein Wort davon, dass der Stall hell erleuchtet gewesen sei, nur um die Hirten auf dem Felde »leuchtete die Klarheit des Herrn« und verbreitete ihren Schrecken (Lk 2,9). Bei Lukas meine ich noch die Kälte zu spüren und die Angst um das Baby, die Dunkelheit und Armut. Johannes hingegen beginnt sein Evangelium mit der leuchtenden Herrlichkeit, die wir gesehen haben. So, als habe es keine Kälte, keine Armut und keine Verfolgung gegeben.

Tatsächlich befinden sich gerade die Hörerinnen und Hörer des Johannes-Evangeliums in einer schwierigen Situation: Da der Synagogenverband die Christusanhänger nicht anerkennt, müssen sie ihren Glauben und ihre Gottesdienste heimlich praktizieren. Ihnen droht Verfolgung durch die römische Herrschaft. Dennoch spricht das Johannes-Evangelium von Herrlichkeit, sogar einer Herrlichkeit, die vor Jesu Geburt da war.

»Die Anfänge dieser glücklichen Revolution waren klein […]«, schreibt Christian Führer. In der Leipziger Nikolaikirche hat alles mit den Friedensgebeten begonnen, angestoßen durch eine Gruppe von Jugendlichen im Jahr 1982. »Ihnen waren die jährlichen Friedensdekaden zu wenig, sie wünschten sich jede Woche eine entsprechende Andacht, ein Gebet. Und vielleicht war das auch die wichtigste Entscheidung der Männer und Frauen im Kirchenvorstand der Nikolaikirche: diese jungen Menschen zu unterstützen und zu sagen, von nun an gibt es jede

Woche ein Friedensgebet.« Niemand konnte 1982 ahnen, welche Bedeutung diese Friedensgebete für eine friedliche Revolution in der DDR haben würden. Tatsächlich wuchs mit der Aufrüstung erstmal die Resignation und die Zahl der Teilnehmenden sank auf nur sechs Personen. Doch das rettende Licht war schon da, auch wenn wir es erst im Nachhinein erkennen. So, wie Johannes es von Jesus sagt: »Nach mir wird kommen, der vor mir gewesen ist.« So, wie alle Herrlichkeit und Hoffnung schon in der Krippe liegt – aber erkannt hatten das höchstens Maria und die Hirten, begreifen konnten selbst sie es noch nicht.

Zum weiteren Verlauf

– Aber diese Herrlichkeit ist eben nicht die eines Königs oder mächtigen Herrschers. Im Gegenteil, da wird ein Mensch geboren, der verfolgt und hingerichtet werden wird.
– Die Fülle (Joh 1,16) und Herrlichkeit (1,15) beschreiben etwas anderes: Wohl wissen wir Menschen zusammen zu leben und wie wir mehr oder weniger miteinander auskommen. Dafür kennen wir ja die 10 Gebote, einen Grundkanon guter Verhaltensregeln, die laut jüdischer Tradition »durch Mose gegeben« (1,17) worden ist. Doch wir ahnen, dass so noch keine Gemeinschaft gebaut wird, dass unsere Welt weiter zerfällt in verschiedene Kulturen, die sich auch mit Angst, manchmal gar mit Hass, begegnen.
– Die Fülle, welche die johannischen Gemeinden erleben, ist die Gnade von Gemeinschaft, Zusammengehörigkeitsgefühl und gegenseitiger Solidarität. Und die Wahrheit der Gewaltlosigkeit, die keine Gegengewalt erzeugt. Das Wort Gottes in Jesus Christus erschafft Gemeinde, sogar in schwierigen Situationen wie damals der DDR oder in den johanneischen Gemeinden.
(Hier könnten Beispiele gelungener Gemeinschaftsaktionen aus der eigenen Gemeinde angefügt werden.)

Möglicher Schluss

»Wenn die Demonstranten mit den Polizisten zusammengestoßen wären, dann wäre es wie bei jeder Revolution gewesen. Aber genau das geschah nicht. Die vielen Tausend Menschen liefen langsam los. Trotz eines Rests von Angst hatten sie in der Kirche, beim Gebet Hoffnung geschöpft. [...] Nachdem die 70 000 Meter für Meter den ganzen Leipziger Ring umrundet hatten und schließlich wieder am Gewandhaus angekommen waren, herrschten zwei große Gefühle vor. Zum einen eine unglaublich große Erleichterung, dass nicht geschossen worden war. Zum anderen eine Ahnung, dass die DDR an diesem Abend nicht mehr dieselbe war. Denn das hatte es bisher nicht gegeben: dass wir um die ganze Innenstadt laufen konnten und die Staatsmacht – aus welchen Gründen auch immer – nicht eingriff.«

Die Welt ändert sich, je nachdem, wie wir sie betrachten – damals wie heute: Ob wir die Trennung und das Ausreiseverbot aus der DDR als ein unveränderlichen Beschluss der Staatsmacht ansehen, oder wie die Betenden in der Nikolaikirche glauben, dass man sogar mit den Mächtigen reden kann. Ob wir von einem »Zusammenstoß der Kulturen« ausgehen, in dem sich schon hier in Deutschland Ausländerinnen und Ausländer nur schwer integrieren lassen. Oder ob wir andere Menschen und andere Kulturen als den wesentlichen Reichtum dieser Welt sehen, die geschenkte Erweiterung unserer Kreativität, die gerade in Deutschland zu neuen Erkenntnissen und ungeahntem Fortschritt führen kann. Oder ob wir auf sie zugehen und die Kerzen mit den Händen vorm Wind schützen.

Die Herrlichkeit, die bei Johannes aufleuchtet, ist bedroht wie die Kerzenflammen im Wind. Der eingeborene Sohn »vom Vater voller Gnade und Wahrheit« wird hingerichtet werden. Aber es ist die Herrlichkeit von Gemeinschaft im Leben und sogar darüber hinaus; Gemeinschaft, in der Menschen ihre Ängste überwinden und losgehen: Gott mitten unter uns Menschen – denn das Wort ward Fleisch.

Gestaltungsidee

Beim Johannesprolog hören auch Nicht-Fachleute, dass es sich um geprägte, hymnische Sprache handelt. Falls man ihn an Stelle des Apostolikums gemeinsam spricht, wird sein Bekenntnischarakter auch für die Gemeinde spürbar. Besonders erhellend finde ich dies, falls die alttestamentliche Schriftlesung aus Jes 60,1–6 gewählt wurde (s. o.). Die dazu benötigten Psalmblätter wären zugleich eine Hilfe beim Predigthören, da der Text vor Augen bliebe.

Symbole, Aktionen

Die Finsternis-Licht-Thematik ist durch Johannes stark vorgegeben und ruft gerade im dunkleren Winterhalbjahr nach einer Gestaltung. Wer Epiphanias als Kirchenfest betonen will, könnte die in der Predigt beschriebene Kerzen-Demonstration aufgreifen und den Gottesdienst mit einer kleinen Prozession um die Kirche beenden. Die Kerzen könnten (ähnlich wie die Lichter vorm Leipziger Stasigebäude) zu einem je eigenen (stillen) Anliegen entzündet werden. Gerade im Januar wird dabei die Schwierigkeit, die Kerzen draußen vor dem Wind und die eigenen Hände vor der Kälte zu schützen, deutlich.
Gibt es in der Kirchengemeinde Menschen, denen es gut täte, je eine der Kerzen vorbeizubringen? So könnte selbst ein wenig besuchter Gottesdienst gemeinschaftstiftende Wirkung entfalten – über die Zahl der Teilnehmenden hinaus.

Kontexte

In der Berliner Humboldt-Universität steht aus DDR-Zeiten noch immer der Satz: »Die Philosophen haben die Welt nur verschieden interpretiert; es kommt aber darauf an, sie zu verändern.« (Karl Marx: 11. These über Feuerbach). Vielleicht wird Änderung nur dadurch möglich, dass wir die Welt anders interpretieren?

Arnd Brummer (Hg.): »Vom Gebet zur Demo«, Edition Chrismon, Frankfurt a. M., 2009. Die Zitate von Christian Führer im Predigtteil stammen aus seinem in diesem Band abgedruckten Beitrag, zitiert nach Chrismon 10/2009, S. 12–17.)

Tipp zum Text

Zur Gemeinschaftsbildung durch gewaltfreie Symbole gibt es immer wieder Beispiele. Wem persönlich die friedliche Revolution vor über 20 Jahren schon zu fern erscheint, kann u. a. auf die aktuellen Protestformen der israelischen Friedensbewegung zurückgreifen, wie z. B. die von Pastor Shihadeh organisierte Liturgie am Grenzzaun: »Ihr Muslime nehmt Brot in die Hände, jeder drei Stück; ihr Christen die Kerzen, jeder drei Stück ...« und auf der anderen Seite des Zauns kamen Juden mit je drei roten Rosen. »Und dann heißt es fröhlich Teilen!«.

Alle Teilnehmenden gingen mit je einem Brot, einer Kerze und einer Rose. Hier wird wie im Johannesevangelium selbst sowohl die Hoffnung als auch das noch nicht Erkennen (des irdischen Friedens) deutlich. (Bericht von Thomas Seiterich in Publik-Forum Nr.14/2009, S.12–14.)

1. Sonntag nach Epiphanias
Das Evangelium nach Matthäus 4,12–17

Elisabeth Müller

Exegetisch-homiletische Skizze

Mit unserer Perikope »schließt der einleitende Teil des Evangeliums ... Wie in den vier Frauen des Stammbaumes und in den Magiern der Geburtsgeschichte am Anfang, so stehen die Heiden am Ende des ersten Teils. Zugleich weist dieser Schluss schon vorwärts. Das Beispiel dessen, der die Stadt seiner Jugend verlässt, um zu denen zu ziehen, die im Dunkeln sitzen, ist Vorbild für den, der ihm nachfolgen will.« (Eduard Schweizer, Das Evangelium nach Matthäus, NTD II, Göttingen 1976, S. 38.) Diese schönen Sätze nennen uns das Thema der Perikope: Durch die Verlagerung des Wohnortes Jesu von Nazareth nach Kafarnaum in V. 12 erweitert sich der Spiel- und Geltungsraum des Evangeliums. Das »Galiläa der Heiden« in V. 15 hat dabei vor allem theologische Bedeutung, es beschreibt nicht die reale Besiedelungsstruktur Galiläas in der 2. Hälfte des 1. Jahrhunderts. »Auch historisch war nach 70 Galiläa das Kernland Israels. Die Bezeichnung »Galiläa der Heiden« hat also fiktiven Charakter.« (Ulrich Luz, das Evangelium nach Matthäus, EKKNT I/1, Neukirchen-Vluyn 1985, S. 169.) Es geht Matthäus darum, den Weg des Heils darzustellen. Dies ist ein Weg, der nicht geradlinig oder einlinig verläuft. Vielmehr steht Jesus für die Verbreiterung und Verästelung des Wegs: Sowohl zu den jüdischen Menschen – dem Volk, das in der Finsternis sitzt (V. 16a) – als auch zu den nichtjüdischen Menschen – denen, die im Land und Schatten des Todes sitzen (V. 16b) – führt Jesu Weg. Und da sein Weg von Gott gelenkt wird, ist dies der göttliche Plan: dass das Evangelium, die Basileia, das Heil über Israel hinausgeht zu denen, die es annehmen und an der Heilsgeschichte mitwirken.

Insofern läuft die Perikope insgesamt auf V. 17 hinaus. Diese Worte sind Ziel- und Höhepunkt des Abschnitts: die Verkündigung des Evangeliums als Nähe des Reiches Gottes, und zwar an jüdische und nichtjüdische Menschen.

Das Zitat Jes 8,23–9,1 in den Versen 15 und 16 entspricht weder dem hebräischen Text, noch der Septuaginta. Vieles spricht dafür, dass Matthäus die Verse in erster Linie wegen des Ausdrucks »Galiläa der Heiden« zitiert. »Die matthäische Interpretation des Zitats trifft des Ursprungssinn nicht und konnte ihn auch gar nicht treffen.« (Luz, a.a.O., S. 172.) Es geht Matthäus auch gar nicht darum. Für ihn ist die Gegenwart eine besondere Zeit des Heils, und von ihr aus erschließt sich auch die Vergangenheit, die rückblickend als Teil des Heilswegs interpretiert wird. Schon in der Vergangenheit zeigte sich, wohin es gehen würde: über Israel hinaus zu den Menschen anderen Glaubens. Das Zitat ist also für Matthäus von Bedeutung, weil es zeigt, dass »das Heil für die Heiden eine biblische, prophetische Perspektive ist.« (Luz, a.a.O., S. 171.)

Dabei zeigt das Zitat gleichermaßen, dass Matthäus das Heil nicht von Israel entkoppeln will. Es gilt Israel nach wie vor, und Israel wird in V. 16a auch zuerst genannt. Der Weg geht von Exklusivität hin zu Inklusivität. Es geht um »Inklusion« der nichtjüdischen Menschen in das Heil Israels. So verstanden hat das Heil für Israel eine besondere Kraft. Indem es über Israel hinausgeht, kann es Menschen integrieren, aufnehmen, sammeln. Es kann andere Traditionen übernehmen und neu deuten, es muss sie nicht eliminieren. Wenn der Weg des Heils sich verästelt und verzweigt, entsteht ein neuer religiöser Reichtum, eine Erweiterung der Gottes- und Heilsvorstellungen. Genau dies war die Kraft des jungen Christentums.

Jahreszeitlich passt dieses Thema gut: Mit Epiphanias feiern wir die Vorstellung des Gotteskindes und sein Hineintreten in die Welt. Auch hier findet sich die Bewegung von Innen nach Außen, von der Exklusivität der Familie/dem Bekannten hin zur Inklusivität des Fremden, wenn die Weisen die Krippe aufsuchen und das Kind ihnen vorgestellt wird.

Das oben beschriebene Bild eines Weges, der sich verzweigt, greift auch mit Blick auf die Krippe, vor der nun fremde Weise, arme Hirten und außerdem auch noch jede Menge wilder und zahmer Tiere versammelt sind. Folgt man apokryphen Texten, wie zum Beispiel dem Armenischen Kindheitsevangelium, so ist auch Eva zugegen und hilft bei der Geburt als Hebamme. So entsteht ein großes Friedensbild, in dem Gegensätzliches zueinander findet.

An diesem Gedankengang finde ich persönlich den Begriff der Inklusion am spannendsten.
In unserer kleiner werdenden Welt ist es nicht mehr möglich, unter sich zu bleiben. Außerdem führte das Unter-Sich-Bleiben-Wollen zu so vielen Kriegen und zu so entsetzlicher Gewalt, dass dies kein Ziel mehr sein *kann*. Hoffnung für die Menschheit gibt es nur, wenn wir von Matthäus lernen, dass wir durchaus unser Eigenes behalten und uns doch gleichzeitig für das Fremde öffnen müssen – denn es ist der Weg des göttlichen Heils. Weil Gott so groß ist, dürfen wir nicht kleinlich sein. Das Unter-Sich-Bleiben-Wollen ist letztlich nichts anderes als eine Form von spirituellem Geiz. Das Heil nach außen zu tragen, es zu teilen, es weiter zu geben, ist gefragt. Dabei ist eins wichtig: Dieser Prozess wird nicht bedeuten, dass wir bleiben, wie wir sind. Er verändert uns und hat das Christentum immer verändert. Indem es weit über Israel hinausgetragen wurde, ging es ja mit den Traditionen und Glaubenserfahrungen anderer Völker fruchtbare Symbiosen ein und wandelte sich teilweise sehr. Das ist gut so. Gott ist so groß, dass all dies möglich ist. Gott ist nicht geizig und zeigt sich in vielfacher Gestalt, in vielfacher Sprache, in vielfacher Form des Gebets. Wir müssen keine Angst haben, uns zu verlieren.
Nur diese Einsicht wird uns erlösen aus der Finsternis und aus dem Schatten des Todes, in dem die Menschheit sitzt. Das Zeitalter der Exklusivität ist vorbei. Das Gespräch und der Austausch sind gefragt. Außerdem der gegenseitige Respekt. Ich persönlich glaube, dass jede religiöse Tradition dieser Erde ein Stückchen der großen Wahrheit enthält, die wir Gott nennen. Indem wir lernen, inklusiv zu denken und zu glauben, kommen wir dem Frieden näher, aber wir werden auch bereichert durch den Glauben anderer Kulturen und Nationen.
Gefragt ist die Fähigkeit, das Eigene nicht krampfhaft festzuhalten, sondern einzubringen in das große Ganze der Religionen der Menschheit.

Predigtidee

So, wie es nach Epiphanias um das Kind in der Krippe immer voller wird, immer bunter, immer vielfältiger, so ist auch der christliche Glaube ein Strom, der immer breiter wird und vieles umfassen und einschließen kann.

Predigtthema

Es geht um »Hinweise auf Aufbrüche, die nicht ausschließen und ausgrenzen, sondern bei allem eigenen Profil exklusive Erfahrungen hoffnungsvoll transzendieren, verallgemeinern können.« (Wolfgang Stegemann, Predigtstudien III/1, Stuttgart 1992, S. 134)

Vorschläge zur Liturgie

Lesung

»Die Lesungen« aus der Reihe »der gottesdienst – Liturgische Texte in gerechter Sprache« (Band 4, Gütersloh 2001) schlägt die Erzählung vom Besuch der Königin von Saba bei Salomo in 1 Kön 10,1–13 vor. Das könnte eine schöne Ergänzung oder Verdeutlichung des Predigtthemas sein. Außerdem wird dort auch das Gespräch Jesu mit der Frau am Brunnen Joh 4,5–14 vorgeschlagen – ebenfalls eine passende Lesung zum Thema der Predigt und des Sonntags.

Lieder: EG 450 Morgenglanz der Ewigkeit; EG 454 Auf und macht die Herzen weit; EG 537 (Ausgabe Rheinland, Westfalen, Lippe) Mache dich auf und werde licht; EG 66, besonders 7+8, Jesus ist kommen; EG 73, besonders 5+10, Auf, Seele, auf und säume nicht

Psalm

Eine schöne Alternative zum vorgesehenen Ps 89 ist der Abschnitt Jes 60,1–5:
Mache dich auf, werde licht, denn dein Licht kommt,
und der Glanz Gottes strahlt auf über dir!
Schau: Finsternis bedeckt die Erde
und dunkle Wolken die Völkerschaften,
aber über dir wird Gott aufstrahlen,
und Gottes Glanz wird über dir sichtbar.
Die fremden Völker werden zu deinem Licht gehen,
königliche Herrschaften zu dem Lichtschein, der über dir aufstrahlt.
Erhebe deine Augen ringsum und schau!
Sie alle sammeln sich, sie kommen zu dir!
Deine Söhne werden aus der Ferne kommen
und deine Töchter werden sicher an deiner Seite sein.

Da wirst du schauen und strahlen,
dein Herz wird erbeben und weit werden,
denn zu dir hin wenden sich die Schätze der Meere,
der Reichtum der fremden Völker kommt zu dir.

Einleitung zum Kyrie/Eingangsgebet

Gott, du schenkst uns das Licht der heller werdenden Tage.
Du bist der helle Morgenstern,
du leuchtest in unser Leben und auf unseren Weg
– auch wenn wir uns oft so fühlen,
als müssten wir uns im Dunkel vorantasten.
Wir sehnen uns danach, deinen Glanz zu spüren
– auf unserem Gesicht, in unseren Augen, in unserem Herzen.
Wir sehnen uns nach deinem hellen Schein.

Einleitung zum Gloria

Ich bin das Licht der Welt;
alle, die mir folgen,
werden nicht mehr in der Finsternis umherirren,
sondern das Licht des Lebens haben. (Joh 8,12)

Kollektengebet

Gott, wenn dein Glanz aufstrahlt,
dann schenk uns einen Lichtblick,
einen Schimmer, eine Ahnung ...
Darum bitten wir.

Fürbittengebet

Gott,
du schenkst uns
das Licht der heller werdenden Tage
und das Licht des Glaubens.
Wir bitten dich:
Erfülle uns und alle Menschen
mit deinem großen Licht des Friedens.

Wir bitten dich heute für alle,
die lieber ängstlich unter sich bleiben wollen,
leuchte du in ihr Herz und mach es weit!

Wir bitten dich für alle,
die andere verachten und herabwürdigen,
leuchte du in ihr Herz und mach es weit!

Wir bitten dich für alle,
die dich festhalten wollen in einer bestimmten Gestalt,
leuchte du in ihr Herz und mach es weit!

Wir bitten dich für alle,
die sich zu Hass und Gewalt verleiten lassen in deinem Namen,
leuchte du in ihr Herz und mach es weit!

Wir bitten dich für uns und alle Menschen:
Erfülle uns mit deinem großen Licht des Friedens!

Vorschlag zur Predigt

Möglicher Anfang

Vor kurzem erst wurde das göttliche Kind in Bethlehem geboren, gerade erst haben es die drei Weisen aus weit entfernten Ländern besucht – und schon ist es groß und verlässt die Stadt seiner Eltern. Manche Eltern empfinden es so, wenn die Kinder groß und flügge werden: Gerade erst kam das Kind in die Schule, und schon zieht es aus.
Oft steht dahinter der Wunsch, das Kind noch ein bisschen bemuttern oder »bevatern« zu können. Und die Eltern fragen sich, ob der junge Mensch auch allein klar kommen wird.
Wie es aussieht, wusste der junge Mann Jesus ziemlich genau, was er wollte und kam auch gut allein zurecht. Er zieht weg von Nazaret, nach Galiläa, in jene Gegend, wo er sich lange aufhalten wird. Hier wird er selbstständig, hier geschehen die meisten Ereignisse, von denen uns die Bibel berichtet. Hier wird er Menschen heilen, Geschichten erzählen, Streitgespräche führen, er wird viele Freundinnen und Freunde gewinnen, aber auch so manche Gegnerinnen und Feinde, hier wird sich zeigen, was von ihm zu halten ist.
In Galiläa wird sich zeigen, *wer* Jesus ist. Und um von vornherein klar-

zumachen, in welche Richtung es mit Jesus geht, weist uns der Evangelist Matthäus darauf hin, dass schon in den alten Schriften vorhergesagt wurde, was für ein Mensch kommen würde, wenn die Zeit reif ist: Dieser Mensch wird für jüdische Menschen da sein, aber auch für nichtjüdische.
Für alle Menschen, um die es finster ist, wird er das Licht sein, das in ihrem Leben aufstrahlt – gleich, woher sie kommen.
Entscheidend wird sein, dass sie sich sehnen nach Licht, nach Veränderung, nach Frieden.
Entscheidend wird sein, dass sie ihn brauchen – dass sie wollen, was er zu geben hat.

Zum weiteren Verlauf

Nun sollten die Begriffe »Finsternis« und »Todesschatten« erläutert werden. Dabei ist es wichtig, dass die Begriffe einerseits nachgefühlt werden können, andererseits aber nicht nur privatisiert vorkommen. Licht und Frieden haben eine persönliche, aber auch eine politische und geschichtliche Dimension. Die Weite der Verkündigung Jesu, die Großherzigkeit des Evangeliums, die nicht nach Zulassungen, Eintrittskarten und Berechtigungsscheinen fragt, sollte deutlich werden.
Die Bereicherung, die ein solcher Weg bringt, kann anhand der vorgeschlagenen Lesungstexte (s. o.) illustriert werden.
Die Predigt sollte Sehnsucht wecken. Das gilt für jede Predigt, für diese aber besonders. Denn die Sehnsucht ist das Unterthema des Textes. Wer in Finsternis lebt, wer die Last des Todesschatten trägt, hat Sehnsucht nach Licht. Zu dieser Sehnsucht hat Jesus gesprochen, sie in Menschen geweckt und bestärkt.
Das göttliche Licht als Möglichkeit zum Frieden, als Einigung der Menschheit, als ein Impuls gut miteinander zu leben, neu miteinander zu sprechen – das ist eine tiefgreifende, große Sehnsucht. Sie sollte vorkommen und von den Menschen im Gottesdienst gespürt werden.

Möglicher Schluss

Das Licht des hellen Sternes am Himmel über der Krippe bleibt. Auch wenn der Tannenbaum nadelt, die Geschenke in den Schränken verschwunden und die Plätzchen aufgegessen sind. Das kommt nächstes Jahr alles wieder und sorgt dafür, dass wir mindestens einmal im Jahr unsere Aufmerksamkeit auf das richten, was doch immer in unserem

Herzen wohnt: die große Sehnsucht nach Gemeinschaft, nach Frieden, nach einer neuen Art des Miteinander-Sprechens, Miteinander-Betens, Miteinander-Lebens.
Der Stern sagt uns: Ich strahle auf über dir und in dir. Du kannst mich größer oder kleiner werden lassen, aber ich bleibe. Ich schenke dir deine besten Momente. Ich lasse dich das tun, woran du gerne denkst. Ich helfe dir und stärke dich. Ich will nur eins von dir:
Geh deinen Weg in Frieden!

Kontexte

Du bist als Stern uns aufgegangen,
von Anfang an als Glanz genaht.
Und wir, von Dunkelheit umfangen,
erblickten plötzlich einen Pfad.
Dem Schein, der aus den Wolken brach,
gingen wir sehnend nach.
(Jochen Klepper, Ziel der Zeit. Die gesammelten Gedichte. Luther Verlag, Bielefeld, 6. Aufl. 2001, 54 f.)

Und weil ich manchmal meine Eltern vermisse,
werde ich den Himmel und die Erde
zu meinen Eltern machen.
Und weil ich manchmal weit weg von Zuhause bin,
werde ich meine Aufmerksamkeit
zu meinem Zuhause machen.
Und weil ich manchmal kein Geld habe,
werde ich meine Sehnsucht
zu meinem Schatz machen.
Und weil ich kein Schwert bei mir habe,
werde ich meine Sanftmut
zu meinem Schwert machen.
Und weil ich manchmal keine Antwort weiß,
werde ich meine Fragen
wie Geschenke an andere weitergeben.
Und weil ich manchmal keine Wunder erlebe,
werde ich mich selber
als Wunder betrachten.
Und weil ich jetzt lebe,
werde ich jetzt leben.
(Nach einem Gelöbnis der Samurai)

Tipp zum Text

Der Roman »Wie ein Wanderer in einer mondlosen Nacht« des chinesisch-französischen Schriftstellers Dai Sijie beschreibt die völkerübergreifende Weite der Wahrheit, die Sehnsucht nach Licht, die verborgene Weisheit der alten Schriften in dem ganz anderen Zusammenhang des chinesischen Buddhismus. Ein wunderbares Buch.

2. Sonntag nach Epiphanias
Das 2. Buch Mose 33,(12)17b-23

Sigrun Welke-Holtmann

Exegetisch-homiletische Skizze

Die vorliegende Perikope klingt wie eine Richtigstellung, spätere Ergänzung (und ist es vielleicht auch) und Zurücknahme der Vertrautheit zwischen Mose und Gott in den vorangehenden Versen. Sie schließt sich an die bekannte Erzählung des goldenen Stierbildes (Ex 32,1–6), Mose Fürbitte (Ex 32,7–14) und die Bestrafung des Volkes (Ex 32,15–29) an. Mose ist in ständigem Kontakt mit Gott, die Stiftshütte (Ex 33,7) dient im weiteren als Kontaktstelle. Die Vertrautheit zwischen Mose und Gott kulminiert in Ex 33,11 in der Weise, dass Gott und Mose von »Angesicht zu Angesicht« sprechen, wie ein »Mann mit seinem Freund«.
Dieser Art der Kommunikation widersprechen jedoch die weiteren Verse (33,12–23). Mose tritt als fordernder und drängender Kommunikationspartner auf, der seine gute Beziehung zu Gott (Gott kennt ihn mit Namen) und seinen Status (Gnade in Gottes Augen gefunden) in die Waagschale wirft und um nicht weniger bittet, als die *kabod,* die Herrlichkeit, die Schwere, Gottes, »die erfahrbare Erscheinungsweise Gottes vor Israel, die beeindruckende Vision der majestätischen Pracht Gottes« (Glossarartikel kavod, BigS, S. 2365) zu sehen (V. 18). Auch wenn »in der Bitte Moses, Gott schauen zu dürfen, (…) die Vokabeln *kabod, tub, panim* nur den Sinn (haben), die Direktheit des Gottschauens zu dämpfen oder zu relativieren« (C. Westermann, Artikel kbd, THAT 1, 808), so wird durch die ablehnende Haltung Gottes die Reichweite seiner Bitte deutlich. V. 19 schwächt die Ablehnung freilich ab, Mose darf die Güte, Schönheit Gottes sehen und der Name soll vor seinem Angesicht kundgetan werden. Mose bekommt damit eine herausragende Bedeutung im Kontext der Erwählung Gottes: »wem ich gnädig bin, dem bin ich gnädig, und wessen ich mich erbarme, dessen erbarme ich mich«, dennoch wird auch er in seine Schranken gewiesen. Was

ein Mensch im Gegenüber Gottes noch lebend ertragen kann, das wird Mose gewährt, mehr aber auch nicht. Eine Kommunikation von Angesicht zu Angesicht ist nicht (mehr) möglich (V. 20).
Der Modus operandi, die Durchführung der Begegnung von Gott und Mose erinnert an 1 Kön 19,11 ff., wo Elia Gott auf einem Berg begegnen darf und ihn in einem lauen Wehen erkennt. Gegenüber 1 Kön 19 betont Ex 33 jedoch die Aktivität Gottes in diesem Offenbarungsgeschehen. Gott weist Mose einen Raum bei ihm zu (vgl. auch die schöne und ungezwungene Übersetzung von V. 21 in BigS: »Hier neben mir ist noch Platz«), er stellt ihn in eine Felskluft, er hält seine Hand über Mose, bis er vorübergezogen ist, er nimmt sie wieder weg und dann darf Mose hinterhersehen. Der Abschnitt schließt jedoch nicht ab, bevor nicht nochmals auf die Unmöglichkeit des direkten Kontakts mit Gott hingewiesen wird.
Das Angesicht spielt in dieser Perikope eine herausragende Rolle, sowohl das Angesicht Mose als auch das Angesicht Gottes. Das Angesicht ist der »Brennpunkt« einer Person (Silvia Schroer, Thomas Staubli. Die Körpersymbolik der Bibel, Darmstadt, S. 95), das die Emotionen in lesbarer Weise widerspiegelt. Dies gilt prinzipiell auch für das Angesicht Gottes, der durch Zuwendung und Abwendung (Dtn 31,17) seines Angesichts die Beziehung zu seinen Geschöpfen ausdrücken kann bzw. durch Abwenden des Angesichts seine Geschöpfe vernichten kann. »Denn alle Lebewesen leben vom zugewandten Angesicht Gottes, das Erbarmen und Fürsorge, Freundschaft und liebevolle Begleitung signalisiert (Ps 31,17; Ps 104,29 u. ö.).« (Schroer/Staubli, S. 101) Bis in unsere Gottesdienste wirkt diese Vorstellung durch die Verwendung des Aaronitischen Segens mit seiner doppelten Nennung des Angesichts Gottes.

Predigtidee

Viele Dinge erschließen sich im Leben erst aus der Rückschau. Dies gilt für positive und auch negative Erfahrungen. Oft können aus negativen Erfahrungen noch positive Elemente und Bereicherungen für das eigene Leben gezogen werden.
Auch Gottes Handeln, die Wirkung seiner Kraft lässt sich meistens erst aus der Rückschau und der Interpretation der Ereignisse erken-

nen. Vielleicht rührt das auch daher, weil wir sehr eigene und spezielle Vorstellungen vom »Angesicht«, vom Erscheinen Gottes in unserem Leben haben, die auf den ersten Blick mit der Begegnung mit Gott nicht kompatibel sind. Dies ist in keinem Fall negativ zu interpretieren und nach Ex 33,17–23 vielleicht auch der einzige Weg, Gott zu sehen. Die Tatsache, dass wir Gottes Wirken meist nur aus der Retroperspektive erkennen, ändert nichts daran, dass Gottes Angesicht seinen Menschen zugewandt ist und dass wir z. B. beim Segen vor Gottes Angesicht gestellt sind.

Predigtthema

Gottes Herrlichkeit lässt sich oft erst im Nachschauen erkennen.

Vorschläge zur Liturgie

Lieder: Wochenlied: EG 66 Jesus ist kommen; EG 398 In der ist Freude in allem Leide; EG 272 Ich lobe meinen Gott

Psalm: Wochenpsalm 100 (EG); dieser Psalm nimmt das Thema des Angesichts auf in der Wendung »Kommt vor sein Angesicht mit Frohlocken«.

Eingangsgebet
Barmherziger Gott,
auf der Suche sind wir
nach dir,
unserem Retter,
unserem Heiland,
unserem Gott.
Wir hoffen und warten
auf dein Kommen
in Glanz und Herrlichkeit,
mit Macht und Kraft
und übersehen dabei zu oft,
dass du schon längst da bist.

Lass uns aufmerksam werden
und dich erspüren auch dort,
wo wir dich nicht erwarten,
wo wir dich sehen auch dann,
wenn wir das Nachsehen haben.
Dich erleben auch dort,
wo der Tod zu siegen scheint.
Dies bitten wir dich durch Jesus Christus,
deinem Angesicht in unseren Augen.
Amen.

Lesung: 1 Kor 2,1–10

Vorschlag zur Predigt

Möglicher Anfang

Wie stellen Sie sich eigentlich Gott vor? Wie könnte er aussehen? Oder sie vielleicht? Wen haben Sie vor ihrem inneren Auge, wenn Sie von Gott sprechen oder mit Gott sprechen, wenn Sie beten?

Ein sehr bekanntes Fresko, ziert die Decke der Sixtinischen Kapelle in Rom. Es ist Michelangelos Schöpfung des Menschen. Gott und Adam berühren sich, ganz leicht, ein Fingerzeig. Obwohl als alter Mann gestaltet, sieht Gott kraftvoll aus, mit lockigem, grauem Haar und wallendem Bart. Er hat eine markante Nase und, auch wenn man ihn nicht von vorne sieht, erahnt man doch seine eindrucksvollen Augen. Stellen sie sich Gott auch so vor?

In der Schule sollten wir im Religionsunterricht auch einmal Gott malen. Ein schwere aber auch irgendwie leichte Aufgabe für Kinder, denn Kinder sind offen in ihrer Vorstellung von Gott, unbefangen im Umgang damit, beeinflusst und auch begeistert von den Geschichten von Gott.

Wir haben damals nachgedacht, viel gelacht und gemalt und dabei kamen ganz unterschiedliche Bilder heraus – natürlich auch das Motiv des alten Mannes, mit Bart und wallender Kleidung, aber auch noch ganz andere.

Aber ist es nicht verboten, sich ein Bild zu machen, gerade noch im Religionsunterricht?

Zum weiteren Verlauf

Sicherlich ist es nicht verboten, sich eine Vorstellung und damit irgendwie auch ein Bild von Gott zu machen, da unsere Vorstellung nie bilderlos ist. Das Bilderverbot Ex 20,4 verbietet die Anbetung und damit die Verabsolutierung eines Bildes für Gott, seine Festlegung auf eine Gestalt, die damit handhabbar gemacht werden kann.

Menschen haben sich schon immer Vorstellungen von Gott gemacht, auch in figürlicher Hinsicht und an vielen Stellen ist in der Bibel vom Angesicht Gottes die Rede. Freilich wird dies nicht beschrieben wie ein menschliches Angesicht mit Augenfarbe und Lippenform, aber vielleicht sind dies auch erst neuzeitliche Gesichtsbeschreibungen. Das Angesicht Gottes hat grundsätzliche Dimensionen und hebt sich dadurch vom menschlichen Angesicht ab. Denn alles Leben lebt vom zugewandten Angesicht Gottes. Die Bibel deutet Vernichtung und Unglück als ein Abwenden des Angesichts Gottes (Dtn 31,17) (Angst vor dem abgewandten Gesicht in Ps 69,18), das zugewandte Angesicht kann aber auch zerstören (Ps 34,17).

Gerade in den Psalmen wird oft der Wunsch ausgedrückt, Gott von Angesicht zu Angesicht zu sehen (Ps 11,7; 41,13; 42,3).

Von Mose wird sogar ausgesagt, dass er mit Gott von Angesicht zu Angesicht geredet hat (Ex 33,11; Dtn 34,10), dies hebt seine Bedeutung für die Geschichte Israels hervor.

Spätere Texte verneinen das, wie zum Beispiel unser Predigttext. Er betont, dass kein Lebewesen Gottes Angesicht ertragen bzw. den Anblick überleben kann.

Mose verlangt explizit die Herrlichkeit Gottes zu sehen, er drängt geradezu darauf, wirft seine ganze Beziehung zu Gott in die Waagschale. Vielleicht tut er dies, um seine Stellung als Führer des Volkes zu legitimieren, vielleicht auch nur, um sein eigenes Bild von Gott zu überprüfen.

Die Durchführung erinnert an die Geschichte von der Gottesbegegnung Elias am Horeb (1 Kön 19).

Gottes Angesicht sehen zu wollen, ist ein nachvollziehbarer Wunsch. Auch für uns heute. Es wäre ein Beweis für Gott, Gott würde dadurch wiedererkennbar und irgendwie handhabbar werden. Man könnte sagen, so sieht Gott aus und so nicht. Das Gesicht sagt viel über eine Person aus, es würde auch viel über Gott aussagen.

Möglicher Schluss

Gott von Angesicht zu Angesicht zu begegnen, ist ein alter Traum der Menschheit. Wir sehnen uns nach dem Angesicht, dem zugewandten Gesicht Gottes nach seinem Glanz, seiner Herrlichkeit. Und doch sind es vielleicht genau diese Vorstellungen, die uns den Blick für das Gesicht Gottes verstellen, Gottes Gesicht nicht gleich erkennen lassen, weil wir es eben so, wie es uns begegnet, nicht vermuten. Und so kommt es, dass es Situationen gibt, in denen Gottes Herrlichkeit vorüber geht, ganz nah, uns vielleicht sogar berührt und wir erst aus der Nachschau erkennen, dass wir gerade Gott begegnet sind.

Wir erwarten das Besondere, das Übernatürliche, das Außergewöhnliche. Ähnlich der Schilderungen der Gottesbegegnungen im Alten Testament mit Pauken und Trompeten, mit Wolken- und Feuersäule, mit Glanz und Gloria. Dabei übersehen wir, dass Gott auch immer wieder im Stillen, unbemerkt, abseits des großen Trubels seine Gegenwart gezeigt hat. Im Stall weit weg von der Weltpolitik in Armut und Elend ist Gott zur Welt gekommen.

Gottes Angesicht erblicken wir auch gerade da, wo wir wegsehen wollen, im Altenheim, im Obdachlosenheim, in kranken und geplagten Menschen.

Wir müssen aufpassen, dass die schönen Bilder unseren Blick nicht zu sehr ablenken, uns nicht die Sicht auf Gott versperren, sondern sie sollen uns daran erinnern, in einer sich verändernden Welt wachsam zu sein und Gott zu suchen im Schönen und im Traurigen, im Pompösen und im Einfachen, im Glanz und im Stall.

Gestaltungsidee

In der Kunst gibt es viele Bilder von Gott. Manche haben unser Denken tief geprägt wie das von Michelangelo, andere sind uns fremd. Eine Bildmeditation zum Thema: Wie sieht Gott eigentlich aus? Könnte verschiedene Bilder aufnehmen. Fragen: Ist das alles? Stellen wir uns Gott so vor?

Symbol

Das Auge ist seit alters her ein Symbol für Gott, es kann zum Symbol dieses Gottesdienstes werden. In pädagogisch unterdrückerischer Absicht wurde oftmals damit gedroht: Der liebe Gott sieht alles! Das Symbol des Auges kann aber auch positiv konnotiert werden, in der Hinsicht, dass Gott hinsieht, auch da, wo andere wegsehen, dass Gott sein Gesicht nicht abwendet. Der Predigttext dreht sich in weiten Teilen um das Sehen: Mose hat Gnade in Gottes Augen gefunden und will nun seinerseits Gott sehen.

Fragen: Wen oder was wollen wir sehen? Wo schauen wir lieber weg? Wo hoffen wir, dass Gott hinsieht und wo hoffen wir, dass Gott darüber hinweg sieht?

Kontexte

Gott besucht uns häufig,
doch meistens sind wir nicht zu Hause.
(Aus Südafrika.)

Wenn wir zwanzig sind, nehmen wir uns vor, den großen Schatz des Lebens zu entdecken. Mit vierzig geben wir es auf, danach zu suchen. Mit sechzig wissen wir, dass wir ihn mit zwanzig bereits besessen haben.
(Sigmund Graff)

Du weißt, Herr, dass ich weiß, wie sehr du weißt,
was ists, das uns im Gruße zögern heißt?
Ist wahr die Hoffnung, die du mir gebracht,
und wahr der Wunsch und sicher, dass er gelte,
so bricht die Wand, die zwischen uns gestellte,
verhehltes Wehe hat nun doppelt Macht.
Wenn ich an dir nur liebe, was auch du
am meisten an dir liebst, Herz, zürne nicht.
Das sind die Geister, die sich so umwerben.
Was ich begehr in deinem Angesicht,
dem sehn die Menschen unverständig zu,
und wer es wissen will, der muss erst sterben.
(Michelangelo, Sonett an Tommaso de' Cavalieri, Übersetzung: Rainer Maria Rilke.)

Tipp zum Text

Ein Text von Marianne Williamson beschäftigt sich mit dem Glanz Gottes und vertritt eine ganz andere Art der Offenbarung der Herrlichkeit Gottes.

»Unsere tiefste Angst ist nicht die vor unserer Unzulänglichkeit. Unsere tiefste Angst ist die Angst vor unserer unermesslichen Kraft. Es ist das Licht in uns, nicht die Dunkelheit, die uns am meisten ängstigt. Wir fragen uns: Wer bin ich, dass ich von mir sage, ich bin brillant, ich bin begabt und einzigartig. Ja, im Grunde genommen: Warum sollest du das nicht sein? Du bist ein Kind Gottes. Wenn du dich klein machst, hilft das der Welt nicht. Es hat nichts mit Erleuchtung zu tun, wenn du glaubst zusammenschrumpfen zu müssen, damit sich die Leute um dich herum weniger unsicher fühlen. Wir sind geboren, um den Glanz Gottes zu offenbaren, der in uns ist. Gottes Glanz ist nicht nur in wenigen von uns, Gottes Glanz ist in jedem Menschen. Wenn wir unser eigenes Licht scheinen lassen, so geben wir andern ebenfalls die Erlaubnis, ihr Licht scheinen zu lassen. Wenn wir uns von unserer eignen Angst befreien, befreien wir mit unserer Gegenwart auch andere.«

Marianne Williamson, Rückkehr zur Liebe. © 1993 by Goldmann Verlag/Verlagsgruppe Random House GmbH, München

3. Sonntag nach Epiphanias
Das Evangelium nach Johannes 4,46–54

Rolf Heinrich

Exegetisch-homiletische Skizze

»Diese Zeichen aber sind aufgeschrieben, damit ihr glaubt, dass Jesus der Christus, der Sohn Gottes ist, und als Glaubende Leben habt in seinem Namen.« (V. 20,30)
Johannes erzählt sieben Wunder Jesu, in denen es um elementare menschliche Bedürfnisse und Beziehungen geht: Menschen, Mann und Frau feiern Hochzeit, es fehlt an Wein (Weinwunder: 2,1–12); Eltern sorgen sich um ihr krankes Kind (Heilung des Sohnes: 4,43–54); die Jünger Jesu haben Angst (Seewandel: 6,16–21); eine Schwester bittet für ihren kranken Bruder (Auferweckung des Lazarus: 11,1–57); ein kranker Mensch hat keinen Menschen, der ihm hilft (Heilung des Gelähmten: 5,1–18); Menschen teilen und alle werden satt (Speisungswunder: 6,1–15).
In den Wundererzählungen des Johannes geht es um die Hilfsbedürftigkeit des Menschen in konkreten Lebenssituationen, um das Wunderbare im alltäglichen Leben. Das Angewiesensein auf Begleitung, Beistand und Hilfe macht den Menschen aus.
Sein Glaube zeigt sich in dem Moment, indem er eindringlich um Hilfe bittet: Der königliche Beamte von Kapernaum bittet Jesus, seinem todkranken Sohn zu helfen (4,47) und er wiederholt diese Bitte mit anderen Worten (50), obwohl Jesus zunächst auf seine Bitte in keiner Weise eingegangen ist (48). Der Vater des kranken Sohnes will keinen Beweis, keine Legitimation dafür, dass Jesus der Sohn Gottes ist. Er will kein Wunder sehen, damit er glauben kann. Er kommt zu Jesus in seiner Not und bittet um Hilfe für sein Kind, weil er seinen Sohn liebt! Sein todkranker Sohn ist kein Objekt, an dem etwas zu beweisen wäre. Der Vater glaubt Jesus, dass sein Sohn lebt (50), er glaubt ohne zu sehen (vgl. 20,29) und macht sich auf den Weg. Nachdem er erfahren (51)

und gesehen hat, dass sein Sohn geheilt ist, glaubt er mit seiner ganzen Familie und allen, die in seinem Haus leben (53).
Alle, die zur Familie gehören und im Haus leben, glauben, nachdem die wunderbare Heilung geschehen ist. Zeichen und Wunder können Glauben hervorrufen und nicht nur unterstützen. Ist es verwerflich, aufgrund eines erfahrenen Wunders an Jesus zu glauben? Zugleich aber glauben Menschen an Jesus, die keine Wunder erleben und sehen (48; 20,29).
Auch wenn es zutrifft, dass der Glaube im Neuen Testament nicht auf Wundern basiert, so »braucht« der Glaube Zeichen und Wunder und das schließt Johannes nicht aus, sondern ein, weil es Wunder und wunderbare Heilungen im Leben gibt.
Wunder und der Glaube an Wunder sind nicht auf bestimmte Epochen der Menschheitsgeschichte beschränkt. Nicht nur zur Zeit Jesu waren Wunder möglich! Menschen in ausweglosen Situationen hofften zu jeder Zeit auf ein Wunder, das sie rettet. Aber auch zur Zeit Jesu waren Wunder nicht selbstverständlich und üblich, denn sonst wären die Anwesenden bei einem Wunder nicht verwundert, ja erschrocken gewesen und die Wunder hätten nicht Zeichen für die Gottessohnschaft Jesu sein können. Wunder werden erklärt und eingebettet in den Verstehens- und Glaubenshorizont der Menschen: Es gab und gibt rationale Erklärungen der Wunderrettung und rationale Wunderkritik und es gab und gibt Erklärungen des Wunders aus Glauben: Der Glaube an Jesus Christus hat ihm geholfen.
Joh 4,46–54 spiegelt verschiedene Aspekte, Formen und Dimensionen des Glaubens auf unterschiedlichen Ebenen wieder, die ineinander verwoben sind: Der Vater, der Jesus aus Liebe um Hilfe bittet, glaubt an die Liebe Jesu. Der Vater glaubt mit seinem ganzen Haus, nachdem das Wunder der Heilung geschehen ist. Johannes, der Verfasser dieser Heilungsgeschichte glaubt, dass Jesus wahrlich der Sohn Gottes, »wahrlich der Welt Retter ist« (4,42) und damit ist diese Wundergeschichte für ihn ein Zeichen für den »Glanz, die Macht Jesu« (2,11) und die »Ehre Gottes« (11,4). Daher steigert er das Wunderbare dieser Heilungsgeschichte: Jesus heilt das todkranke Kind aus der Ferne (4,50); das Wort und die im Wort liegende Macht Jesu bewirken das Wunder, über das »Wie« erfährt man nichts; unabhängige und unbeteiligte Zeugen bestätigen die Realität der Heilung zu genau dem Zeitpunkt als Jesus zum Vater sagt »Dein Sohn lebt« (50).

Die Wunder Jesu bleiben ambivalent wie das Leben selbst: Jesus heilt manche Kranken, aber nicht alle. Er weckt wenige Tote auf, aber nicht viele.

Auch für die Zeit Jesu und die Zeit Johannes waren Wunder nicht alltäglich und selbstverständlich, denn Menschen, die Wunder erleben, sind verstört, wundern sich, ja sie sind entsetzt.

Es gibt nicht rational erklärbare Heilungen, und es gibt Menschen, die bitten und flehen, die glauben und kämpfen und nicht geheilt werden, deshalb kann ein Wunder nicht als Bedingung des Glaubens gefordert werden!

Jesu Reden, Zeichen und Wunder bewirken nicht automatisch oder »magisch« Glauben, sondern Johannes zeigt an ihnen auch den Unglauben und die Brüchigkeit des Glaubens (7,5; 9,16; 11,46; 12,37; 12,42).

Johannes nennt die Wunder Jesu Zeichen (6,26; 7,31; 9,16; 11,47; 20,30), unerwartete, überraschende, übersinnliche und außergewöhnliche Zeichen, die Staunen, Verwunderung, Glauben und ungläubiges Entsetzen erregen.

Sie sind Zeichen der »Offenbarung Gottes«, dessen Klarheit und Schönheit sich in der Liebe zeigt: »Denn also hat Gott die Welt geliebt, dass er seinen eingeborenen Sohn gab« (3,16). Richtig versteht die Zeichen und Wunder der, der darin die Liebe Jesu und die Liebe Gottes sieht. Jesus wirkt »aus reiner Liebe« (12,37), so wie der Vater aus Liebe Jesus darum bittet, seinen Sohn zu heilen. »Ich bin nicht gekommen, die Welt zu richten, sondern zu retten.« (12,47) Liebe ist mehr als Wunder und mehr als der Glaube an Wunder.

Hätte der königliche Beamte aus Kapernaum auch dann geglaubt, wenn Jesus seinen Sohn nicht geheilt hätte?

Umfasst die Liebesbewegung zwischen Gott und Jesus, zwischen Gott und der Welt auch die, denen kein Wunder hilft (vgl. 10,1–18)?

Der Botschaft der Liebe Gottes, die sich in seinem Sohn zeigt, der aus Liebe Menschen heilt, kann (und muss?) der Glaube an einen mitleidenden Gott an die Seite gestellt werden: Es gibt Leiden, die Gott nicht aufhebt, sondern die Gott an der Seite der Menschen mit ihnen erleidet. Es gibt Leiden, vor denen Gott nicht schützt und aus denen er nicht errettet, aber er hat versprochen, mitzugehen im Leiden.

Die Botschaft des Johannesevangeliums kann (muss?) ergänzt werden durch Aspekte paulinischer Theologie: Nichts kann Menschen trennen von der Liebe Gottes. Er glaubt an die Menschen, auch wenn sie nicht an ihn glauben. Der Unglaube der Menschen hebt Gottes Liebe und Treue nicht auf (Röm 3,3; 18 Kor 1,9; 10,13).

Predigtidee

Leiden und Hilfsbedürftigkeit machen den Menschen zum Menschen und führen dazu, dass er auf Wunder hofft.
Der Glaube an Jesus Christus kann, aber muss nicht Wunder bewirken.
Die Formen des Glaubens sind vielfältig und unterschiedlich, ein Mensch, dem kein Wunder hilft, kann gleichwohl an die Liebe Gottes glauben.

Predigtthema

Das Wunder der Liebe – Formen des Glaubens – Wunderheilungen.

Vorschläge zur Liturgie

Zum Eingang

Gott sei bei uns!
Heile unsere Wunden
und stärke unsere Hoffnungen.
Mache unsere Seele hell
und tröste uns.

Geleite uns auf den Wegen unseres Lebens.
Hände reichen
Einen brauchst du auf dieser Welt,
der mit dir weint und lacht,
einen, der unbeirrt zu dir hält,
der deine Probleme zu seinen eigenen macht.

Eine brauchst du, die dir dein Glück nicht neidet,
dich über Schwellen trägt,
eine, die dir Freude bereitet
und helle Spuren in deinem Leben legt.

Einen, der deine Träume kennt,
dir deine Schwächen vergibt,
einen der dich beim Namen nennt
und froh ist, dass es dich gibt.

Eine, der du vertrauen kannst,
die dich wortlos versteht,
eine, mit der du Gespenster bannst,
ehe dein Mut vergeht.

Einen, der dich in die Arme nimmt,
wenn eine Hoffnung zerbricht,
einen, der deine Saiten stimmt,
einen brauchst du als Licht.

Gebet

Jesus, du erinnerst mich:
Es gibt einen Glauben, der trennt
und einen, der Menschen zusammenführt.
Es gibt einen Glauben, der fordert und richtet,
und einen, der hinweist und hilft.
Es gibt einen Glauben, der tötet,
und einen, der stützt und ermutigt.
Es gibt einen Glauben, der zum Verständnis befreit,
und einen, der von ihm ablenkt.
Es gibt einen Glauben, der Wege zur Hilfe zeigt,
und einen, der alles zum Schicksal erklärt.
Es gibt einen Glauben, der Tränen trocknet,
und einen, der hartherzig macht.
Es gibt einen Glauben, der Tote zum Leben erweckt,
und einen, der Leben verhindert.
Es gibt einen Glauben, der die Phantasie anregt,
und einen, der einfallslos macht.
Zwischen Glauben und Glauben besteht ein Unterschied.

Gebet

Wußten sie schon
daß die nähe eines menschen
gesund machen

krank machen
tot und lebendig machen kann
...
wußten sie schon
daß das wegbleiben eines menschen
sterben lassen kann
daß das kommen eines menschen
wieder leben läßt
...
wußten sie schon
daß das zeithaben für einen menschen
mehr ist als geld
mehr als medikamente unter umständen
mehr als eine geniale operation

wußten sie schon
daß das anhören eines menschen
wunder wirkt
der geerdete himmel

Wilhelm Willms, wußten sie schon. Aus: ders., der geerdete himmel © 1974 Butzon & Bercker GmbH, Kevelaer, 7. Aufl. 1986, S.5, www.bube.de (gekürzt)

Lesungen: 1 Joh 4,1–16; Röm 8,31–39

Lieder: EG 74 Du Morgenstern, du Licht vom Licht; EG 552 Licht, das in die Welt gekommen; EG 655 (Rheinland, Westfalen, Lippe) Aus der Tiefe rufe ich zu dir; EG 209 Ich möchte, dass einer mit mir geht; EG 358 Es kennt der Herr die Seinen

Vorschlag zur Predigt

Möglicher Anfang

Eltern leiden, weil ihr Kind schwer erkrankt ist und die Ärzte keine Möglichkeit zur Heilung mehr sehen. Es zerreißt ihnen das Herz, dass das lebendige Zeichen ihrer Liebe und ihrer Zukunft sterben muss. Sie wollen sich nicht damit abfinden, dass es keine Hoffnung mehr für ihr Kind und sie gibt. Sie stellen die Diagnose der Ärzte in Frage, suchen andere Ärzte auf und sind erschüttert, dass die moderne Medizin ihnen trotz aller Fortschritte nicht helfen kann. Sie hören von einem Wunderheiler in Holland, fahren mit ihrem Kind zu ihm. Ein Funke Hoffnung glüht auf. Er behandelt ihr Kind, berührt es, legt ihm die Hände auf. Aber auch er kann ihrem Kind nicht helfen. Die Eltern setzen ihre letzte Hoffnung in ihren Glauben, sie klagen Gott ihr Leid, gehen in die Kirche, zünden Kerzen an, sie erinnern Gott daran, dass sie doch immer an ihn geglaubt und versucht haben, seine Gebote zu halten. Sie handeln mit Gott, versprechen ihm, ihr Leben zu ändern, wenn er ihr Kind rettet. Sie hoffen bis zuletzt auf ein Wunder, aber ihr Kind stirbt.

Eine Fülle unterschiedlicher Gedanken, Fragen und wechselnder Stimmungen stürzt über sie herein: Zorn über die Ärzte, die nicht helfen konnten; Wut darüber, dass nicht noch mehr getan wird im Kampf gegen unheilbare Krankheiten und die Ursachen, die Menschen krank werden lassen, nicht energischer angegangen werden.

Sie weinen und klagen, kein Wort kann sie wirklich trösten. Sie verstummen, schließen ihre Trauer in sich ein. Sie suchen die »Schuld« für die Krankheit ihres Kindes bei sich selbst und in ihrer Familie. Sie klagen Gott an, sie zweifeln an seiner Liebe, an seiner Barmherzigkeit und Güte. Sie zweifeln an ihrem Glauben: Haben sie nicht fest und tief genug geglaubt? Und immer wieder die Frage: Warum, warum gerade wir?

Wenn ich an die für die für diesen Sonntag empfohlene Geschichte von der Heilung des todkranken Kindes des Hauptmannes von Kapernaum und an die Eltern des toten Kindes denke, möchte ich am liebsten eine andere biblische Geschichte aussuchen.

Wie kann ich über die Wunderheilung predigen, wenn ich weiß, dass es Menschen gibt, denen kein Wunder geholfen hat und kein Wunder hilft? Wo war, wo ist Gott, der liebende Vater?

Zum weiteren Verlauf

Erzählen der Geschichte von der Wunderheilung mit Hilfe der Gedanken in der exegetisch-homiletischen Skizze.

Wunder gibt es immer wieder bis heute. Sie sind nicht auf die Zeit, in der Jesus lebte, beschränkt. Das wissen auch die Eltern des toten Kindes, das macht ihre eigene Lebenssituation so unerträglich, dass es nicht zu erklärende Spontanheilungen gibt. Warum geschah für ihr Kind kein Wunder?

Möglicher Schluss

Das Leben ist vielfältig und widersprüchlich, ungereimt und erschreckend in seinen Wundern und in seinen Tragödien und ungerecht: Das spiegelt sich auch in den Geschichten der Bibel wieder. Es gibt Menschen, denen ein Wunder hilft, und andere, wie Hiob werden mit Leid geschlagen. Wo war Gott, als sein eigener Sohn bat: Lass doch den Kelch an mir vorüber gehen! Wo war er, als sein geliebter Sohn am Kreuz starb? Umstehende sagen, als der Sohn Gottes am Kreuz hingerichtet wird: Anderen hat er geholfen, sich selbst aber kann er nicht helfen.

Die Geschichten der Bibel sind vielfältig und widersprüchlich wie das Leben selbst. Da steht die Geschichte von der Wunderheilung »neben« der Geschichte von dem weinenden Jesus, der schreit: Mein Gott, mein Gott, warum hast du mich verlassen?

Kann es tröstlich sein, dass die Mütter und Väter unseres Glaubens bekannt haben, dass Gott den Menschen nicht nur in den Wunderheilungen, sondern auch und gerade im Schmerz verbunden ist? Unser Leiden ist auch sein Leiden, unsere Trauer ist auch seine Trauer, unsere Schmerzen sind auch die Schmerzen seiner Liebe, denn ein liebender Vater leidet mit, wenn seine Kinder leiden.

Als Katharina von Siena aufschrie: »Mein Gott, wo warst du, als mein Herz in Finsternis und Todesschatten war?«, hörte sie die Antwort: »Meine Tochter, hast du es nicht gespürt? Ich war in deinem Herzen.«

Gott schützt uns Menschen nicht vor Krankheit und Leid, er schützt uns nicht vor Unglück und Niederlagen, er schützt uns nicht vor dem Tod. Er lässt unsere Frage unbeantwortet, warum Wunder manche retten und andere zugrundegehn.

Aber er hat versprochen an unserer Seite zu sein, mit uns zu gehen durch die Tiefen und Täler und über die Höhen unseres Lebens, so wie ein unsichtbarer Freund an unserer Seite und eine unsichtbare Hand auf unserer Schulter.

Und doch bleibt ein unausgefüllter Rest: Geheimnis des Lebens, Geheimnis des Todes, Geheimnis des Glaubens?

»Ich bin gewiss, dass weder Tod noch Leben, weder Engel noch Gewalten, weder Gegenwärtiges noch Zukünftiges, weder Hohes noch Tiefes, noch eine andere Kreatur uns scheiden kann von der Liebe Gottes, die in Jesus Christus ist.« (Röm 8,38 f.)

Tag des Gedenkens an die Opfer des Nationalsozialismus
27. Januar 2011

Dorothee Wüst

Der Kasus
Am 3. Januar 1996 führt der damalige Bundespräsident Roman Herzog in Erinnerung an die Befreiung des Lagers Auschwitz-Birkenau durch die Soldaten der Roten Armee den 27. Januar als »Tag des Gedenkens an die Opfer des Nationalsozialismus« ein. Diese Entscheidung markiert den vorläufigen Schlusspunkt einer jahrzehntelangen Diskussion um einen adäquaten offiziellen Gedenktag für über sechs Millionen Menschen, die im Namen des deutschen Volkes getötet wurden. Wie weit dieses Datum jedoch im Bewusstsein der Menschen, die gedenken sollen, verankert ist, sei dahin gestellt.

Während am 9. November, an dem 1938 in ganz Deutschland die Synagogen brannten, seit den 60er Jahren des vorigen Jahrhunderts mehr oder weniger intensiv im kommunalen wie im kirchlichen Kontext Gedenken stattfand und stattfindet, verfügt der 27. Januar bis heute über keine gewachsene »Gedenktradition« und kommt noch immer ein Stück weit »verordnet« und unvermittelt kurz nach der Jahreswende daher. Für das emotionale Erleben und die inhaltliche Offenheit der Besucher und Besucherinnen des Gottesdienstes spielt das eine Rolle.

Das Erinnern
In der Proklamation des Gedenktages formuliert Roman Herzog: »Die Erinnerung darf nicht enden; sie muss auch künftige Generationen zur Wachsamkeit mahnen.« Erinnerung hat verschiedene Facetten. Eine hinreichende sind die Opfer selbst. »Tot ist nur, wer vergessen wird«, sagt der Philosoph Immanuel Kant. Das Rad der Geschichte können wir nicht zurückdrehen. Aber im Hochhalten des Gedenkens tun wir, was wir heute tun können.
Darüber hinaus nennt Herzog aber auch die pädagogische Facette des Erinnerns. In der Rückschau auf das Gewesene liegt Erkenntnis für Gegenwart und Zukunft. Nur wer sich den Ereignissen der Vergangen-

heit stellt, wer die Gegenwart als gewordene begreift, ist auch fähig, entsprechend Zukunft zu gestalten. Deswegen wird es niemals obsolet sein, sich mit den Mechanismen auseinanderzusetzen, die zu einem Massenmord wie dem des Nazi-Regimes führen konnten.

Erinnern ist freilich nur dann fruchtbar zu machen, wenn es gestaltet ist, wenn es eine geeignete Form findet. Gerade die jüdische Erinnerungskultur, wie wir sie aus den gemeinsamen Schriften des Ersten Testamentes kennen, ist da vorbildlich. Sie lebt von bewusster Emotionalität, geschieht oft in Form von Erzählung, geht offen mit Schuld und Versagen um und lässt Raum für die eigene Lebensgeschichte mit ihren je eigenen Erfahrungen.

Der Gottesdienst

Die Klammer, die Damalige und Heutige im Erinnern und Vergegenwärtigen verbindet, findet sich in der gemeinsamen biblischen Tradition: »Hüte dich nur und bewahre deine Seele gut, dass du nichts vergisst, was deine Augen gesehen haben, und dass es nicht aus deinem Herzen kommt, dein ganzes Leben lang.« Im 5. Buch Mose (4,9) wird der Auftrag formuliert: Alles, was geschehen ist, muss Teil des kollektiven und individuellen Gedächtnisses bleiben. Dies gilt auch für die, die nicht mit eigenen Augen sahen: »Und du sollst deinen Kindern und Kindeskindern kundtun.« Gleichzeitig gibt dieser Satz Auskunft über die Qualität des Erinnerns: Es hat etwas mit meinem Herzen zu tun, sie geht mich unmittelbar etwas an, sie berührt mich. Und wenn das so ist, dann hat das Erinnern heilsame Funktion: Es dient der Bewahrung meiner Seele – aber eben nur, wenn es mehr ist als nur eine Pflichtübung.

Damit das Erinnern sich nun aber letztendlich auf die fokussiert, die Grund und Ursache sind, kommt ein Gedenken nicht ohne die Stimmen derer aus, derer wir gedenken. Im gesprochenen und geschriebenen Wort sollen die zu Wort kommen, die damals auch mundtot gemacht werden sollten. Ihre Geschichten stehen für sich, dürfen nicht für unsere »Vergangenheitsbewältigung« instrumentalisiert werden – und sind gleichzeitig doch Hilfe, wahrhaft zu Herzen gehende und Seelen bewahrende Erinnerung zu pflegen.

Predigtidee

Erinnerung will vorbereitet sein, allzumal wenn sie weh tut. Deswegen möchte ich mit einer Geschichte aus meiner Erinnerung beginnen, die hineinführt in die Schwierigkeit des Erinnerns. Über diese Geschichte komme ich zur Notwendigkeit des Erinnerns, wie sie das biblische Wort beschreibt (Dtn 4,9). Im weiteren Verlauf sollen Stimmen aus Opferperspektive wie auch der Blick auf die schuldhaften Verstrickungen der Täter und Täterinnen den Horizont des Erinnerns abstecken. Ich verfolge nicht das Ziel einer »runden Predigt« mit einem versöhnlichen Schluss, da alles Erinnern an diesem Tag nur den Weg zur Versöhnung markieren kann. Der Weg dahin sind die offenen Fragen und die hartnäckige Suche nach Antworten – und eben das Erinnern.

Predigtthema

»Erinnern kann nicht ungeschehen machen, aber die Wiederholungswahrscheinlichkeit verringern.« (Friedrich Schorlemmer)

Vorschläge zur Liturgie

Hinführung und Votum

Gedenken wollen wir der Vergessenen, der Verdrängten, / denen man das Leben genommen hat, / nachdem man ihnen den Namen stahl, / nachdem man ihnen die Würde geraubt hatte, / nachdem ihnen aller Besitz genommen war, / nachdem man sie aus Freundschaft und Verwandtschaft gerissen hatte.
Gedenken wollen wir der Vergessenen, der Verdrängten, / denen man kein Grab gelassen hatte, / deren Tod und Ermordung man leugnete, / von deren Elend man nicht gewusst haben will, / denen man noch heute unentwegt Böses zutraut, / die bis heute unter den Bildern von damals leiden.
Gedenken wollen wir der jüdischen Kinder, Frauen und Männer, / denen man das Recht zum Leben nahm, der Sinti und Roma, / der ernsten Bibelforscher und Pazifisten, / der Behinderten und geistig

Erkrankten, / der Schwulen und Lesben, aller, / denen man die Menschenwürde raubte.
Gedenken wollen wir besonders der Kinder, / als man sie aus den Schulen jagte, / als man ihnen die Straßenbahn verwehrte, / als man sie in die Viehwaggons pferchte, / als man sie zu Experimenten missbrauchte / und sie unter schwerer Arbeit verhungern ließ.

Gedenken wird uns schwer. / Die Zukunft braucht ein langes Gedächtnis. / Gott helfe uns dabei.
In seinem Namen sind wir beisammen. / Im Namen des Vaters, der ganz Ohr für alle Klage ist, / im Namen Jesu Christi, der mit uns fragt: warum? / Im Namen des Heiligen Geistes, durch den wir der Erinnerung standhalten / und Kraft finden, für eine menschliche Zukunft zu arbeiten. Amen.
Entnommen aus: www.reformiert-info.de, dort Rubrik »Gottesdienst«.

Lieder und Musik

Unter den Stammteil-Liedern des Evangelischen Gesangbuches finde ich wenige, die keine verzerrte Perspektive entwerfen. In dem Liederheft »Wo wir dich loben, wachsen neue Lieder« (hrsg. von den Evangelischen Landeskirchen in Baden und Württemberg, der Evangelischen Kirche der Pfalz und den Églises Réformée et Luthérienne d'Alsace et de Lorraine, München 2005) empfehlen sich folgende Lieder: »Aus der Tiefe rufe ich zu dir« (Nr. 4); »Du bist Atem der Ewigkeit« (Nr. 23); »Du hast Erbarmen« (Nr. 28); »Es ist dir gesagt, Mensch« (Nr. 35); »Freunde, dass der Mandelzweig« (Nr. 39); »Ich gebe dir, Gott, meine dunklen Gefühle« (Nr. 53); »Wir schauen der Wahrheit ins Auge« (Nr. 91).
Wer die Möglichkeit hat, Instrumental- oder Vokalsolisten mit z. B. jiddischer Musik einzusetzen, sollte dies auf jeden Fall tun – z. B. zwischen den Teilen der Predigt. Auch »Konservenmusik« wie die Klezmer-Musik von Giora Feidman oder der Soundtrack von »Schindlers Liste« sind zu diesem Anlass eine Bereicherung.

Psalm und Lesung

Ps 22 (sofern im Vorspann klar wird, aus welcher Perspektive dieser Psalm gebetet wird). Als Lesung wähle ich den gottgewollten Beginn einer guten Menschheitsgeschichte, der alle von Menschen gemachten geschichtlichen Perversionen ad absurdum führt: Gen 1,27–31.

Sprecherin:
»1938. Die kleine Frieda ist sechs Jahre alt. Gänzlich unbeeindruckt von den Aufmärschen im fernen Berlin lebt sie ihre Kindheit in der Provinz. Ein wichtiger Mensch in dieser Kindheit ist Liesel.
Die gleichaltrige Tochter der jüdischen Familie Weizmann wohnt schräg gegenüber. Wenn Frieda aus ihrem Fenster im ersten Stock über die Straße schaut, sieht sie genau in Liesels Zimmer. Und wenn es Katzen und Hunde regnet, sitzen beide an ihren jeweiligen Fenstern und verständigen sich mit einer Zeichensprache, die nur sie beide verstehen. Beste Freundinnen eben.
Natürlich gehen die Hitler-Jahre auch an den beiden Kindern nicht spurlos vorüber. Sie spüren, dass sich etwas verändert, dass die Erwachsenen sich verändern. Aber solange der Holzkreisel munter über das Pflaster springt, hängen keine schweren Wolken über der kleinen Kinderwelt. Noch nicht.
Denn eines frühen Morgens wacht Frieda auf von den lauten Geräuschen der Straße. Sie rennt zum Fenster und sieht hinaus. Männer in Uniform sieht sie. Sie sieht einen Karren, auf dem bereits Menschen sitzen. Und just in diesem Moment sieht sie Liesel mit ihrer Puppe auf dem Arm, an der Hand ihrer Mutter, die einen Koffer trägt. Die beiden steigen auf den Wagen, ein letzter Befehl. Der Wagen setzt sich in Bewegung.
Frieda will es wissen. Von einer Reise war keine Rede. Und von Männern in Uniform erst recht nicht. Mama, was soll das? Mach dir keine Gedanken, sagt Mama. Die Weizmanns ziehen um. Weit entfernt gibt es Dörfer und Städte für Menschen wie die Weizmanns. Und wenn sie sich eingelebt haben, darfst du Liesel bestimmt besuchen. Aber dazu wird es nie kommen. Denn Liesel stirbt 1944 in Auschwitz.«

Diese Geschichte ist nicht meine Geschichte. Und sie ist doch meine Geschichte. In ähnlicher Weise hat meine Mutter sie erzählt. Immer dann, wenn die Rede auf die dunklen Jahre des Nationalsozialismus kam. Immer dann, wenn ich es genau wissen wollte. Mama, wie konnte das passieren? Mama, wie konntet Ihr das zulassen? Mama, wo warst Du, als das große Morden seinen Lauf nahm? Dann kam diese Geschichte. Eine Momentaufnahme der Erinnerung. Mit ganz vielen Schattierungen.

Noch immer lebendige Trauer über den Verlust der Freundin. Wehmut über längst vergangene Kindertage, die auch nicht ganz verloren sein sollen. Das noch immer unhinterfragte Einverständnis in das große Schweigen, das sich damals über ein Volk gelegt hat. Und ein harter rechtfertigender Unterton, ein misstönender Klang von Anklage und Schuld. Der über diese Geschichte hinaus die Erinnerung schwer macht. Viel habe ich nicht erfahren aus jener Zeit. Hier und da ein Bruchstück. Antworten habe ich keine bekommen. Über jene Zeit. Vielleicht weil die, die es miterlebt haben, selbst keine Antworten haben. Hat man ihnen doch auch nie das Fragen beigebracht.

»Die Erinnerung ist das einzige Paradies, aus dem wir nicht vertrieben werden können«, sagt der Dichter Jean Paul. Längst vor einer Zeit, an die sich kaum einer erinnern will. Weil Erinnerung eben doch nicht immer paradiesisch ist, sondern das Tor zur Hölle sein kann. Das Erinnern, das Nachdenken, das Gedenken an die Jahre des Nationalsozialismus will bis heute nicht recht gelingen. Aber es ist und bleibt uns aufgegeben. Aus Achtung vor denen, die durch unser Vergessen nicht noch einmal sterben sollen. Aus Achtung vor einer Zukunft, in der nie wieder etwas Ähnliches wie in der Vergangenheit geschehen darf. Und aus Achtung vor uns selbst. Die wir immer ein Teil der Geschichte sind und bleiben werden. Ob wir das wollen oder nicht.

Dass es besser ist, es zu wollen, ist Weisheit von alters her. »Hüte dich nur und bewahre deine Seele gut, dass du nichts vergisst, was deine Augen gesehen haben, und dass es nicht aus deinem Herzen kommt, dein ganzes Leben lang.« So spricht Mose zum Volk Israel gegen Ende des langen Marsches durch die Wüste. Das gelobte Land rückt in greifbare Nähe, das Elend der Vergangenheit könnte vergessen sein. Aber da sei Mose vor. Er erinnert – sich und alle anderen. Und seine Erinnerung ist Leitbild für unsere Erinnerung. Da wird nichts beschönigt und nichts verschleiert. Da versinkt nichts im gnädigen Nebel der Geschichte. Weil das gelobte Land nur durch die Wüste zu erreichen ist, die Zukunft nur über die Vergangenheit führt. Die Seele braucht das, sagt Mose. Weil auch die Schatten der Vergangenheit zu deinem Leben gehören.

Die Schatten der Vergangenheit, die dunklen Jahre zwischen 1933 und 1945 gehören zu unserem Leben. Weil über sechs Millionen Menschen fehlen, die durch ihr Leben unserer Welt ihren Stempel aufgedrückt hätten. Hätte man sie nicht ermordet. Und nun drückt ihr Tod noch immer der Welt seinen Stempel auf. Liesel ist in Auschwitz gestorben, Hans durfte als »lebensunwertes Leben« nicht erwachsen werden. Jael ist in Tel Aviv groß geworden und hat erst im Studium verstanden, warum ihre Großmutter fließend deutsch spricht. Und wenn Schaul Reisende durch seinen Kibbuz führt und dabei lebhaft mit den Händen erzählt, sieht man für einen kurzen Augenblick die eintätowierte Nummer auf seinem Arm. So viele Geschichten. Jede einzelne wert, erzählt, gehört und vor allen Dingen erinnert zu werden. Wie die, die Ernst Cramer von seinem Vater erzählt:

Sprecher:
»Ein jahrhundertealter Geburtstagswunsch der Jüdinnen und Juden lautet: *Möge Gott dich 120 Jahre alt werden lassen.* Heute ist der 120. Geburtstag meines Vaters. Er wurde am 8. August 1880 in Speyer geboren. Sein Leben endete irgendwann nach dem 2. April 1942. An jenem Tag wurde er zusammen mit seiner um sechs Jahre jüngeren Frau und seinem jüngsten Sohn zu Hause abgeholt und dann irgendwohin in den europäischen Osten verschickt. Seither gibt es kein Lebenszeichen mehr.
Mein Vater war ein typischer deutscher Jude seiner Zeit. Patriotisch, aber nie nationalistisch. Interessiert an allem, was um ihn herum vorging. Mitglied vieler und verschiedenartiger Vereine und Gesellschaften. Die Synagoge besuchte er fast nur an hohen Feiertagen. Judesein war für ihn eine Selbstverständlichkeit, die man nicht verbirgt, über die man aber auch nicht redet.
Mein Vater war Kaufmann in Augsburg, aber kein erfolgreicher. Er war ein Träumer, der gerne im bayerischen Vorland von Ort zu Ort wanderte oder Berge bestieg, dabei immer ein Buch im Rucksack. Wann immer möglich, besuchte er auch Dichterlesungen, Vorträge oder Musikveranstaltungen. Es war trotz nie nachlassender wirtschaftlicher Sorgen ein bescheidenes, gelegentlich idyllisches, auf hoher geistiger Ebene und mit viel Humor geführtes Leben.
Nach 1933 änderte sich vieles. Wie die meisten seinesgleichen blieb er dennoch zusammen mit seiner Familie viel zu lange davon überzeugt, dass es auch unter dem Nationalsozialismus eine – wenn auch eingeschränkte – Lebensmöglichkeit für Juden in seinem Heimatland geben würde.

Am Gründonnerstag des Jahres 1942 wurden Vater, Mutter und Bruder aus ihrer Wohnung abgeholt. Am Karfreitag begann für sie und Tausende andere ihr eigener Passionsweg. Während der Ostertage muss der Zug in Polen angekommen sein. Einzelheiten, über das, was dann geschah, weiß man nicht.
Heute aber ist meines Vaters 120. Geburtstag.«
(Quelle: Auszüge aus einem Artikel vom 23.01.2007, nachgelesen bei www.mobil.welt.de.)

Ernst Cramers Vater fehlt. Nicht nur seinem Sohn, sondern uns allen. Unserem Land, unserer Kultur, unserer Gegenwart. Und wer dieses Fehlen akzeptiert, der kann nicht anders, als Fragen stellen. Fragen nach einer Vergangenheit, in der Menschen wie Ernst Cramers Vater, wie die kleine Liesel, wie all die anderen mit stillem Einverständnis eines ganzen Volkes einfach verschwinden konnten. Und wie es zuging, dass die, die darum wussten, die daran beteiligt waren, jede Hemmung verloren, die zu quälen, die noch gestern ihre Nachbarn waren.

Sprecherin:
»Laut Befehl schickte man dich zu uns. / Du schautest uns ins Gesicht / mit großem Zorn und angewidert. / Nach einigen Tagen senktest du schon / die Augenlider, / rufend: ›Weiter!‹ / Plötzlich sah ich Tränen, / nicht zurückgehalten, / in den Augen, / die uns wieder ansahen. / Woher sie kamen? / Du sagtest, du müsstest um uns weinen. / Vielleicht – wegen deiner Träume, / weil du erst neunzehn Jahre alt bist, / und deine Welt / stolzer Zuversicht / sich in der Hölle befindet.«

»Aufseherin K.« ist dieses Gedicht überschrieben, das von der polnischen Journalistin Maria Rutkowska im Frühjahr 1943 im Frauen-KZ Ravensbrück verfasst worden ist. Maria Rutkowska ist 1942 wegen »Konspiration« verhaftet worden. Seitdem erlebt sie die tägliche Hölle von Ravensbrück. Und doch hört man fast so etwas wie Mitleid aus den Zeilen, die sie über »Aufseherin K.« schreibt. Zwischen den Zeilen lässt sie Raum für die Hoffnung, dass niemand grausam geboren wird. Zwischen den Zeilen bleibt die Frage, was geschehen muss, um das Tier in uns zu wecken, um dem Bösen die Tür zu öffnen. Reicht es denn wirklich schon aus, Macht über Menschen zu haben, um diese Macht zu missbrauchen?

Maria Rutkowskas Erinnerung an »Aufseherin K.« erinnert uns daran, unsere Menschlichkeit zu pflegen. Sie fällt vom Himmel und fällt doch nicht vom Himmel. Sie ist uns von Gott geschenkt, aber will von uns gelebt werden. Wie viel Tod, wie viel Angst, wie viel Grausamkeit gegenüber so vielen hätte nie stattfinden können, könnte auch heute nicht stattfinden, wenn wir uns mehr darauf verstünden, Menschen zu sein. Ein erster Schritt dahin ist, Liesel und Ernst Cramers Vater, Maria Rutkowska und Aufseherin K. der Vergessenheit zu entreißen. Ihre Geschichte zu erzählen, uns ihrer zu erinnern – und uns der ewigen Frage zu stellen: Wie können wir die Menschen sein, die Gott gefallen? Wie können wir Menschen sein?

Sprecher:
»Hüte dich nur und bewahre deine Seele gut, dass du nichts vergisst, was deine Augen gesehen haben, und dass es nicht aus deinem Herzen kommt, dein ganzes Leben lang.« Amen.

Gestaltungsideen

Dieser Tag leidet sicherlich nicht an einem Mangel von Material, sondern erschlägt durch die Fülle der Themen, Fragen, Geschichten und Medien. Wer ganz auf das eigene Wort verzichten will, findet auf der Internetpräsenz der Künstlerin Pat Binder eine sehr gelungene Zusammenstellung von Bildern und Texten unter dem Titel »Stimmen aus Ravensbrück«, die im Gottesdienst gezeigt werden kann (www.pat-binder.de).

Eine weitere Möglichkeit wäre das Bild von Edvard Munch »Der Schrei« und dazu im Wechsel mit dem Psalmvers 22,1 Geschichten und Gedichte lesen. Die Erschließung des Gedenkens an die Opfer des Nationalsozialismus geschieht nicht in erster Linie über den Verstand. Konstruktive Arbeit am Gedenken geschieht in erster Linie darüber, dass man ihm Raum und Freiheit lässt.

Tipps zum Kasus

Das Plädoyer für den 9. November als kirchlichem Gedenktag von Wolfgang Raupach-Rudnick, ehemaligem Geschäftsführer der »Aktion Sühnezeichen« und jetzigem Beauftragten für den christlich-jüdischen Dialog der Hannoverschen Landeskirche, gibt auch in Hinblick auf den 27. Januar gute Hinweise für eine »Erinnerungskultur« (www.compass-infodienst.de, Online-Ausgabe Nr. 69).

Grundsätzlich findet sich viel gutes Material für die gottesdienstliche Gestaltung in den Predigthilfen der »Aktion Sühnezeichen« zum 27. Januar (www.asf-ev.de).

4. Sonntag nach Epiphanias
Das Evangelium nach Matthäus 14,22-33

Dorothee Münkner

Exegetisch-homiletische Skizze

Das Matthäusevangelium berichtet eine Epiphaniaspredigt ganz besonderer Art: Zuerst begegnet Jesus dem Volk in der Predigt. Er zieht sich zurück, um allein zu beten. Jesus begegnet dann den Jüngern im Boot, als sie in größter Gefahr um Leib und Leben sind. Petrus versucht, im Blick auf Jesus, auf dem Wasser zu gehen. Da überkommt ihn die Angst vor dem eigenen Mut und er beginnt im Chaos zu versinken. Die ausgestreckte Hand Jesu und seine Stimme retten ihn.
Wer das Evangelium in aller Ruhe auf sich wirken lässt, entdeckt darin die Elemente des Gottesdienstes der Gemeinde: Kyrie – erbarme dich! Rette uns! Am Anfang des Gottesdienstes wird die Not der Gemeinde gesammelt und in Gebet verwandelt. Das Gebet in der Gemeinschaft verstärkt die Bitte, die in der Einsamkeit gesprochen wurde. In diesem Teil wird der Gottesdienst beschrieben als Gang über das Chaos von Furcht, Schmerzen und Schrecken. Petrus begegnet die segnende Hand Jesu und stützt ihn. Es wird still nach dem Sturm. Der Schrecken verwandelt sich in Anbetung. Am Ende steht das Bekenntnis: Du bist wahrhaftig Gottes Sohn! So beschreibt das Evangelium einen Gottesdienst in Form einer Wundergeschichte.

Das 14. Kapitel des Matthäusevangeliums gliedert sich wie folgt:
Verse 1–12 Herodes und der Täufer, 13–21 Die Speisung der 5000, 22–33 Der Gang auf dem Wasser, 34–36 Heilung in Genezareth. In Mk 6, 42–52 fehlt die Situation des Petrus. Die Bibel in gerechter Sprache übersetzt Mk 6, 51.52: »und sie waren entsetzt und fassungslos. Denn sie waren nicht zur Einsicht gekommen über den Broten, denn ihr Herz war verstockt.« Joh. 6,16–21 bietet eine verkürzte Fassung, eingefügt in die Brotrede (Joh 6). Das Petrusbekenntnis folgt in Joh 6, 66 ff.

Das Besondere an dem Predigttext sind die Dialoge. Für die Jünger im Boot ist zuerst die Ohnmacht vor den Naturgewalten, Wasser und Sturm maßgebend, dann der Schrecken vor den überspannten Nerven: Wir sehen ein Gespenst! Wir versinken im Abgrund! Für Petrus beginnt erst da der Sprung ins Unmögliche, das Versinken in der Angst und die Begegnung mit der ausgestreckten Hand Jesu. Petrus findet zum Bekenntnis: Du bist wahrhaftig Gottes Sohn!
Das Thema des 4. Sonntags nach Epiphanias sind die Taten Gottes. Sein Trost und sein Erbarmen sollen weitergesagt und erzählt werden (Psalm 66, 2 Kor 1,8–11, Eph 1,15 ff., Psalm 107, Gen 8, Jes 51,9–16). In den Lesungen des Sonntags finden sich eine Fülle von Anregungen und Konkretionen für die Predigt.

Das Kirchenschiff ist bis heute Symbol für die Kirche. Doch an dieser Stelle soll von zwei Altarbildern die Rede sein, die sich in Kirchen finden, die um 1900 gebaut wurden. Es muß eine Zeit des Umbruchs gewesen sein, in der die Gemeinde sich den sinkenden Petrus als großes Altargemälde vor Augen gestellt hat. Das erste Altargemälde findet sich in der Kirche in Wustrow im Fischland/Darß in Mecklenburg-Vorpommern. In Wustrow gab es eine Seefahrtsschule und zahlreiche Kapitänshäuser. Viele lebten von der Seefahrt oder vom Fischen. Die Menschen wussten, was es bedeutet, Wellen, Meer und Sturm ausgeliefert zu sein. Da hatte das Kirchenbild ganz aktuellen Bezug zum täglichen Leben. Inzwischen haben sich die Zeiten geändert und Wustrow ist ein schöner Touristenort. Aber die Kirche steht noch da und erzählt auf ihre Weise das Evangelium vom sinkenden Petrus.
In Misburg bei Hannover hat die Gemeinde auch das Altarbild vom sinkenden Petrus gewählt. Um die Jahrhundertwende war die Stadt ein aufstrebender Industrieort, geprägt durch Öl- und Zementindustrie. Man baute 1905 eine große Kirche an zentraler Stelle. Die Industrie wurde eingestellt. Die Kirche ist unter Denkmalschutz und einsturzgefährdet. Ihre Fundamente zeigen Risse. Materialermüdung und Schwerlastverkehr mögen dazu beigetragen haben. Nun steht der sinkende Petrus hinter verschlossenen Kirchentüren, bis Gutachten den Weg zeigen, wie es weitergehen soll.
Für die Predigt ergibt sich die Möglichkeit, an die Dialoge des Evangeliums anzuknüpfen und mit den Elementen des Gottesdienstes, der ge-

feiert wird, zu verbinden. Der Hinweis auf die verschiedenen Altarbilder mag zu dem Gedanken führen, was der Gemeinde vor Augen steht, wenn sie Gottesdienst feiert.

Predigtidee

Wenn das Evangelium selbst eine Predigt enthält, welche Aufgabe hat dann die Predigt?

Predigtthema

Ein Gespräch am Abgrund.

Vorschläge zur Liturgie

Votum: Kommt her und seht an die Werke Gottes, der so wunderbar ist in seinem Tun an den Menschenkindern.

Psalm: Ps 66,5

Gebet zum Eingang
Strecke deine Hand aus, Gott, wenn ich schwanke und laß mich den Griff spüren, mit dem deine Gnade mich hält! Was sichtbar ist, ist mir nahe und spricht laut zu mir.
Deine Hand dagegen reicht aus der unsichtbaren Höhe zu mir herab. Aber die Hand deiner Gnade hat Gottes Kraft in sich und darum trägt sie mich auch auf dem stürmenden See.
Adolf Schlatter, Strecke deine Hand aus ... Aus: ders., Dass meine Freude in euch sei. Andachten, Calwer Verlag 1967, S. 62.

Psalm: Ps 107
Gerettet
Danket dem Herrn denn er ist freundlich
und seine Güte währet ewiglich.
So sollen sagen, die mit Schiffen

auf dem Meere fuhren,
die den Herrn erfahren haben auf den großen Wassern,
wenn er sprach und einen Sturmwind erregte,
der die Wellen hob, dass ihre Seelen erzitterten,
die dann zu Gott riefen in ihrer Not,
und er errettete sie aus allen Ängsten.
Der Boden schwankte unter unseren Füßen,
wir taumelten und wankten und wussten
keinen Rat mehr.
Wir wollen dir danken, weil du uns erlöst hast
und uns zusammengebracht hast
von Osten und Westen, von Norden und Süden.
Die umherirrten in der Welt auf unebenen Wegen
und fanden keinen Ort, an dem sie leben konnten.
Die hungrig und durstig waren nach Leben,
aber ihre Seele verschmachtete,
die dann zu Gott riefen in ihrer Not,
und er errettete sie aus allen Ängsten
und führte sie den richtigen Weg in die Stadt,
in der sie wohnen konnten.
Die sollen Gott danken für seine Güte
und seine Wunder,
die er an den Menschenkindern tut.

Uwe Seidel: Gerettet (Danket dem Herrn, denn es ist so freundlich) aus: Hanns Dieter Hüsch/ Uwe Seidel, Ich stehe unter Gottes Schutz, S. 72, 2009/11.

Lesungen: Jes 51, 9–16; 2 Kor 1,8–11

Fürbittengebet
Lasst uns beten zu Gott, unserem Vater,
der uns in Jesus Christus wie nie zuvor
seine Liebe zur Welt offenbart hat:
für die Völker der Erde,
dass sie einander Vertrauen schenken
und sich miteinander auf den Weg machen,
mit vereinten Kräften dem Wohl der Menschen zu dienen;
für die christlichen Kirchen,
dass sie ihren Platz an der Seite der Ärmsten wissen

und sich ohne Furcht und Ansehen der Person
für Frieden und soziale Gerechtigkeit einsetzen.

Für die vielen Menschen, die ständig unterwegs sind
auf der Suche nach ein bisschen Glück.
Dass sie auch etwas von dem Licht sehen,
das durch Jesus Christus in die Welt gekommen ist.

Für die Menschen, die unter den Umstrukturierungen
und Sparmaßnahmen leiden,
die arbeitslos sind oder Angst um ihren Arbeitsplatz haben,
dass sie eine Lösung für die Lasten des Lebens finden.

Für die Menschen, die von Katastrophen bedroht sind,
von Wasser, Feuer und Erdbeben, von Kriegsgefahr, Hunger und Dürre,
dass sie nicht allein bleiben in den großen Problemen,
die ihre Existenz bedrohen.

Für die Menschen am Abgrund,
dass sie eine helfende Hand finden, Zuspruch und Unterstützung,
wie sie es brauchen.

Für uns selbst, für die Menschen, die uns am Herzen liegen:
Lass uns leben in deinem Licht,
dass wir den Weg und die Wahrheit
und das Leben finden. Amen.

Nach A. Schilling: Fürbitten und Kanongebete der holländischen Kirche, Verlag Hans Driewer Essen 1969, S. 44 f.

Lieder: EG 441 Du höchstes Licht, du ewiger Schein; EG 346 Such, wer da will, ein ander Ziel; EG 592 Wie mit grimmgen Unverstand Wellen sich bewegen. (Das Lied ist dem Evangelium
nachgedichtet.) Der Kehrreim:
Christ, Kyrie, du wandelst auf der See.
Christ, Kyrie, erschein uns auf der See.
Christ Kyrie, ja dir gehorcht die See.
Christ Kyrie, komm zu uns auf die See!
(Ausgabe für die Ev.-luth. Kirchen in Niedersachsen und für die Bremische Evangelische Kirche.)
EG 279 Jauchzt alle Lande, Gott zu Ehren

Vorschlag zur Predigt

Möglicher Anfang

Das Evangelium zeigt uns, wie eine Wundergeschichte zu einem Gottesdienst werden kann. Die erste Station ist das Kyrie – ein Gespräch am Abgrund.

Eine schwerkranke, junge Frau sitzt im Rollstuhl. Ich sitze ihr gegenüber. Sie sagt: Ich habe Angst vor dem Abgrund! Ich weiß, dass er auf mich zukommt, aber ich fürchte mich. Ich sage: Es gibt Christen, die glauben, ein Engel würde ein Gitter über den Abgrund legen, damit man hinüber kommt. Sie antwortet: Das kann ich mir nicht vorstellen. Das Gespräch bricht ab. – Eine alte Frau erzählt: Als mein Mann starb, bin ich in ein tiefes Loch gefallen. Ich habe die Hände vor mein Gesicht gehalten und war wie versteinert.

Ich habe nichts mehr wahrgenommen. Meine Tochter hat mich herausgeholt. Sie hat meine Hände berührt und mit mir gesprochen. Dann bin ich herausgekommen. Das Chaos habe ich hinter mir gelassen. – Die Liturgie nimmt die Klage auf. In den Worten des Petrus: er erschrak und begann zu sinken und schrie: Jesus, rette mich! Hilf mir!

Zum weiteren Verlauf

Das Gebet um Rettung.

Der Zuspruch Jesu: die ausgestreckte Hand, die ergriffene Hand. Die Worte Jesu: Seid getrost! Ich bin's. Fürchtet euch nicht!

Das Glaubensbekenntnis.

Die Rettung öffnet denen, die im Boot sind, die Augen. Sie bekommen, wie die Bibel sagt, erleuchtete Augen des Glaubens. Die Jünger fallen auf die Knie, nicht vor Schrecken, sondern im Bekenntnis.

Möglicher Schluss

Warum braucht die Gemeinde Altarbilder?

Wer in Gefahr ist, zu versinken, braucht einen Fixpunkt, der ihn aufrichtet. Das Altarbild hilft, die eigene Situation in neuem Licht und in anderer Umgebung zu sehen. So haben es die Christen in Misburg und in Wustrow gehalten. Man sagt: Kirchen seien gebauter Glaube. Altarbilder sind ein Licht für die versammelte Gemeinde, um zu glauben.

Symbol

Ein Kirchenschiff.: EG 572 (Niedersachsen, Bremen) Ein Schiff, das sich Gemeinde nennt fährt durch das Meer der Zeit …

Kontext

Was dir auch immer begegnet
mitten im Abgrund der Welt:
Es ist die Hand, die dich segnet,
es ist der Arm, der dich hält.
Es ist kein Grauen so mächtig,
es ist kein Fürchten so bang,
kein Trachten so niederträchtig,
lebt einer, der es bezwang.
Ob sich dein Liebstes verflüchtigt,
dein Festestes splittert und stiebt,
gedulde dem, der dich züchtigt,
der heimsucht, weil er dich liebt.
Mitten im Höllentoben,
da keiner keinem frommt:
Es ist der Vater droben,
es ist sein Reich, das kommt.
(Rudolf Alexander Schröder in: Gebete und Lesungen zur Seelsorge. Evangelische Verlagsanstalt Berlin 1986, S. 153.)

Einleitungsteil mit Kindern
4. Sonntag nach Epiphanias

Oliver Böß

Leitmotiv: Der Herr der Naturmächte

Psalm: aus Ps 107 (EG) oder »Besondere Aktion«, s. u.

Lesung: Sturmstillung nach Mk 4,35–41 (Das Kindergesangbuch, Claudius, S. 191)

Lieder: Selbst in der tiefsten aller Krisen (Wo wir dich loben, wachsen neue Lieder Nr. 76); Bei dir, Gott, berge ich mich (Das Kindergesangbuch Nr. 108); Halte zu mir, guter Gott (Das Kindergesangbuch Nr. 8)

Besondere Aktion

Stürme im Alltag und das Vertrauen auf Gott kann folgende Aktion thematisieren: Der Körper eines Pfaus (s. Zeichnung) wurde auf eine große Pappe gemalt und ausgeschnitten. Nun hängt er – noch federlos – für alle gut sichtbar im Altarraum. Nacheinander wird nun von Ängsten und Sorgen vorgelesen, ein paar Vorschläge:

Kindergartenkind: Ich habe mich mit meinem besten Freund gestritten. Jetzt habe ich Angst, dass er sich nicht mehr mit mir vertragen will. Lieber Gott, hilf mir!

Schulkind: Guter Gott, ich habe eine Fünf geschrieben. Zu Hause gibt das bestimmt ein Donnerwetter. Kannst du mir nicht helfen? Bitte, Gott, steh mir bei!

Erwachsener: Gott, wenn ich die schlimmen Nachrichten in der Zeitung lese, denke ich manchmal: Du schläfst, du bist abwesend. So viele Stürme und Gewitter sind in Familien, wo Kinder mit dem Gürtel erzogen werden, wo Alkohol die Menschen gewalttätig macht, wo von heute auf morgen der Arbeitsplatz weg ist – und du scheinst nicht einzugreifen. Gott, hilf!

Älterer Erwachsener: Gott, so viele alte Menschen sind allein. Der Sturm, den sie so schwer bewältigen können, heißt Einsamkeit, oft kommen Krankheit, Gebrechlichkeit hinzu. Herr, du kannst doch Stürme stillen, darum bitte ich dich: Schau nicht weg, mach deine Augen nicht zu vor dem Elend!

Weitere Sprechrolle: Der Tod macht so große Angst, Gott. Die Erfahrungen mit ihm wirbeln in mir, ja, werden zu einem großen Wirbelsturm. Wieso macht das Sterben nicht vor Menschen halt, die gerne noch länger leben wollten? Bei solchen Gedanken begleitet mich immer wieder das Gefühl, dass du so weit weg bist, Gott. Bitte, verschließe nicht die Augen vor unserer Not!

Hier ist auch Platz für aktuelle Ereignisse, die Menschen wie Stürme im Leben empfinden.
Jede Bitte endet mit *Psalm 121, 4: »Siehe, der Hüter Israels schläft und schlummert nicht«.* Danach wird jeweils eine (Papp-) Feder mit Pfauenauge an den Rücken des Pfaukörpers geheftet, so dass nach und nach ein Rad entsteht.
Hintergrund der Aktion ist eine Sage aus der griechischen Mythologie: Demnach hatte der Riese Argus hundert Augen, von denen ein Teil schlief, während der Rest stets wachte. Seine hundert Augen überführte die Göttin Hera ins Federkleid des Pfaus.

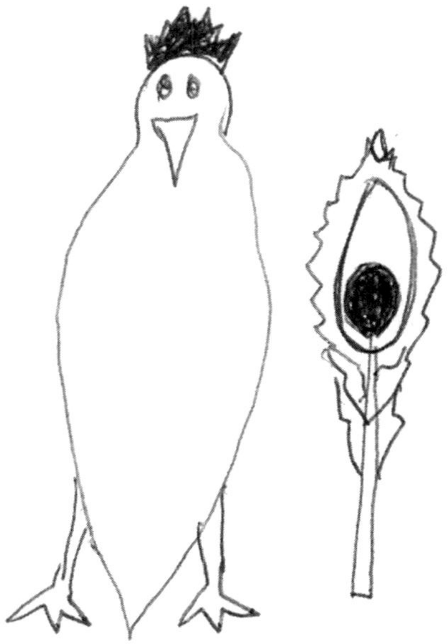

Wir dürfen darauf vertrauen, dass Gott uns mit Argusaugen beobachtet – auch wenn es manchmal den Anschein hat, er schliefe.

5. Sonntag nach Epiphanias
Das Buch Jesaja 40,12-25

Gudrun Scheiner-Petry

Exegetisch-homiletische Skizze

Jesaja 40,12–31 bildet einen thematisch zusammenhängenden Gesamtabschnitt mit mehreren kleinen Untereinheiten (V. 12–17.18–24.25–26.27–31). Diese laufen alle auf die ab V. 28 gegebenen Antworten zu und sind untereinander sowohl durch thematische Bezüge als auch durch einen analogen Aufbau verbunden.

Die »Gesprächspartner/innen« in den Versen 12–26 sind die, die in V. 27 mit ihrer Klage zitiert werden. Erst im Zusammenhang mit V. 27 werden die Fragen vorher zum Disputationswort/zur Bestreitung (Claus Westermann). Deshalb entscheide ich mich gegen die vorgeschlagene Perikopenabgrenzung (Jes 40,12–25) für diese Textabgrenzung und nehme dafür einen sehr langen Predigttext in Kauf.

In der bewussten, kunstvollen Komposition der Bestreitung findet »Kommunikation auf Augenhöhe«, dialogische und anknüpfende Verkündigung statt. Der Prophet ist hier nicht Bote des Gotteswortes, sondern er lässt sich auf Einwände, Zweifel und Gegenargumente ein. Mein Eindruck als Leserin ist: »Da gibt sich einer sehr viel Mühe zu argumentieren.« Er tut dies rhetorisch brillant mit Bildern, Steigerungen, Wiederholungen, weisheitlichem Vokabular und Fragen, die nach Antworten schreien. Er will verstanden werden und Erkenntnis möglich machen. Leser/Hörerinnen sollen verstehen, dass Jahwe helfen kann und helfen will, auch wenn es im Moment nicht danach aussieht. Damit nimmt Deuterojesaja die Grundfrage der Exilsgemeinde nach der möglichen Macht Gottes auf und beantwortet sie: Gott kann helfen (V. 28), Gott will/wird helfen (V. 29–31).

Dabei ist das stärkste prophetische Argument (hier bezogen auf viele ganz konkrete Fragestellungen und Themen der Exilsgemeinde) der Hinweis auf das Schöpfungshandeln Gottes: Jahwe ist Schöpfer und

nicht andere Götter. Als Schöpfer der Welt kann er auch Heil schaffen. Sein Schöpfersein erklärt nicht primär die Vergangenheit, sondern es ist auf die Gegenwart und die Zukunft bezogen. Es begründet und stützt den Glauben an sein zukünftiges Handeln. In den Hoffnungen der Exilsgemeinde gipfelt dieses zukünftige Handeln Gottes in einem neuen Exodus und der ist »Neuschöpfung«.
Deuterojesaja begegnet also der Klage, indem er das Volk Israel an seine Erfahrungen mit Gott dem Schöpfer erinnert. Weil diese auch in den gottesdienstlichen Traditionen Israels eine wichtige Rolle spielen, vergegenwärtigt er damit auch das Gotteslob, damit es in der Situation der Klage zur Kraftquelle wird.
Der homiletische »Anfangspunkt« ist für mich V. 27: die Klage. Sie begegnet mir offen in mancher Seelsorgesituation. Aber ich kenne sie auch »maskiert« in die sogenannte Relevanzkrise unserer Verkündigung. Mein Weg ist verborgen, heißt dann: Ich komme darin nicht vor mit meinen Erfahrungen, meinem Lebensstil und meiner Lebenssituation und deshalb interessiert es mich auch nicht. Nicht zuletzt erlebe ich häufig eine »klagende Kirche« (und manchmal mich in ihr): Ihr Weg ist verborgen (oder zumindest verschüttet) unter sinkenden Kirchensteuereinnahmen und steigenden Austrittszahlen, ihre Hoffnung überdeckt von einem Grauschleier der Überlastung und Mutlosigkeit.

3 bis 4 Schritte möchte ich in der Predigt gehen:
Klage braucht Raum, wo sie artikuliert werden kann.
Klage braucht engagierte Auseinandersetzung auf Augenhöhe.
Klage braucht die Suche nach Kraftquellen.
Und: Klage braucht manchmal eine Begrenzung.

Predigtidee

Vom Umgang mit Klagenden.

Predigtthema

Gott kann helfen und er will helfen. Im Vertrauen darauf begegnen wir Klagenden und lassen uns selbst als Klagende ansprechen.

Vorschläge zur Liturgie

Szenische Lesung

Aufgrund der Textabgrenzung Jes 40,12–31 würde ich auf weitere Lesungen im GD verzichten. Wenn möglich würde ich den Text durch mehrere Stimmen (von unterschiedlichen Orten aus) lesen lassen, z. B. so:
A: V. 12–14; B: 15–17; A: 18 ; B: 19–20; A: 21; B: 22–24; A: 25; B:26; C(!) –A–B : 27; A: 28a; B: 28b–31

Lieder/Psalmen

Hier würde ich zum Teil auf »echte Klassiker« zurückgreifen, um sie in der Predigt als Kraftquellen anzusprechen.
EG 73 (Kirchenjahr); EG 361 Befiehl du deine Wege; EG 289 Nun lob, mein Seel, den Herren
Klagelieder: Ps 13; EG 631 (Bayern) All eure Sorgen

Vorschlag zur Predigt

Möglicher Anfang

Manchmal möchte ich einfach nur mit Hingabe klagen. An jemanden hinreden, wie viel Arbeit ich habe, dass ich müde bin, dass mein Kollege mich gestern genervt hat, meine Kinder sich heute rücksichtslos verhalten haben, meine Schwiegermutter immer nur an sich denkt. Ich will dann, dass ich für jemand ganz im Mittelpunkt stehe. Ich will hören: »Du Arme, du hast es gerade wirklich nicht leicht!«
Was ich überhaupt nicht brauchen kann, wenn ich klagen will, sind Sätze wie: »Das wird schon wieder! Anderen geht es genauso! Vielen geht es schlechter als dir. Wenn du … hättest, dann wäre … nicht passiert. Also bei mir ist das immer so …«
Diese Sätze sind umso schlimmer, je ernster und schmerzhafter meine Not ist. Okay, der Kollege darf mal nerven, aber was, wenn ich oder Sie keine Perspektive mehr sehen, wenn der Arbeitsplatz bedroht, eine Ehe nur noch schwer zu ertragen ist oder wenn eine Diagnose des Arztes uns umtreibt? Wenn es wirklich Grund zur Klage gibt? Dann will ich ernst genommen und nicht abgespeist werden. Dann will ich, dass jemand meine Fragen, meine Gefühle und Ängste aushält, sich damit

auseinandersetzt und kein schnelles Trostpflaster für mich hat. Und ich selbst möchte auch so umgehen mit anderen. Mir auf die Zunge beißen, wenn ich es mal wieder sofort besser weiß.

Unser heutiger Predigttext hat mich auf die Idee gebracht, beim Propheten Jesaja in die Schule zu gehen. Wie geht er mit dem klagenden Volk Israel um? Kann ich, können wir etwas lernen von ihm?
»Mein Weg ist vor Jahwe verborgen und mein Recht entgeht meinem Gott!« Das ist die Klage Israels in Kurzform!
So klagt eine Gemeinschaft von Menschen, die nicht mehr recht weiß, wer sie ist: fern der Heimat im Exil in Babylon, ohne den religiösen Mittelpunkt des Tempels, verunsichert durch fremde religiöse Traditionen und das ständige Vergleichen, und ohne Perspektive, dass es anders und besser wird.
Israel klagt nicht aus der akuten Katastrophe heraus. Die Menschen haben sich eingerichtet im Exil, sie gründen Familien, haben eigene Siedlungen und sogar eigene Gottesdienste. Aber über alldem hängt eine Wolke von Müdigkeit und Resignation: Ja, der Betrieb läuft, der Lebensbetrieb und der religiöse Betrieb, aber dass Gott wirkt, jetzt und in Zukunft, das fällt schwer zu glauben. Sieht Gott uns noch? Kann er uns sehen? Will er uns sehen? Kann er uns helfen? Will er uns helfen? So klagen und fragen die Israeliten.

Zum weiteren Verlauf

Der Prophet Jesaja lässt die Menschen klagen. Das ist das erste, was ich von ihm lernen will: Klage braucht Raum.
Hier wird jede/r Prediger/in eigene Beispiele kennen:
Ich lasse die Klage eines Menschen zu.
Ich nehme mir Zeit und höre zu.
Ich schaffe aktiv einen Raum/Ort für eine Klage z. B. als Tagesordnungspunkt in einer Sitzung, als Abschnitt im Gottesdienst. Klage braucht manchmal einen öffentlichen Raum (vgl. auch Kontexte).
Als Gemeindeberaterin erlebe ich, dass in schmerzlichen Veränderungsprozessen eine Phase der Klage notwendig ist, damit Kopf und Herz frei werden für Neues.

Von Jesaja lerne ich weiter:
Wer klagt braucht jemand, die oder der zuhört. Aber dann muss der

Zuhörer/die Zuhörerin auch ein engagiertes Gegenüber sein. Wer klagt, braucht keine Gummiwand, sondern jemanden, der nachfragt und argumentiert, die eigene Ideen einbringt und neue Verknüpfungen herstellt. Und das nicht besserwisserisch, von oben herab, sondern ebenbürtig, auf Augenhöhe und so, dass es den anderen die letzte Wahl und Entscheidung lässt.
Jesaja stellt Fragen, um seine Hörer zu Antworten zu bewegen. Er präsentiert Ihnen die Antworten nicht auf einem Tablett, sondern sie selbst sollen erkennen, verstehen, die richtigen Schlüsse ziehen. Jesaja führt die Auseinadersetzung sehr konkret. Er nimmt ernst und auf, was man in der Exilsgemeinde denkt und sagt. Kann Gott überhaupt helfen? Wie mächtig ist er? Sind die Götter der Umwelt nicht viel stärker?
So konkret wie er möchte ich mich z. B. mit einer Konfirmandin auseinandersetzen ...
Das Ergebnis einer großen Studie über Konfirmandenarbeit liegt vor: Konfirmanden und Konfirmandinnen geht es nicht nur um »gute Beziehungen«, sondern um eine Auseinandersetzung mit Inhalten. Sie brauchen die Leidenschaft des Jesaja, um zu erleben, dass ihre Erfahrungen (Pubertät, schulischer Leistungsdruck, Identitätssuche ...) »vor Gott nicht verborgen sind«.
Sie brauchen konkrete Verknüpfungen von Themen ihrer Lebenswelt (auch Musik, Ästhetik, Werte, Faszination des Dunklen) mit Themen des Glaubens.

Wir klagen gern darüber, dass die »mittlere Generation« der 30–50jährigen in unserer Kirche fehlt. Wie nehmen wir ihre Themen auf? Wie reden wir über die »rush-hour« des Lebens, über Leistung, Verantwortung, Sexualität? Wie reden wir über Überforderung, über das sprunghafte Ansteigen von Burnout-Krisen und Depression?
So engagiert wie Jesaja möchte ich hier Gesprächspartnerin sein.
Manchmal gefallen wir uns gut in der Rolle der »klagenden Kirche«. Demographischer Wandel, Austrittszahlen, sinkende Kirchensteuereinnahmen, Immobilien, die wir nicht mehr unterhalten können, das Verschwinden religiöser Sozialisation füllen Gespräche für viele Runden.
So sicher mit Gott rechnend wie Jesaja würde ich gern in diesen Gesprächen argumentieren.

In einem dritten Schritt möchte ich bei Jesaja lernen: Klage braucht Hinweise auf Kraftquellen.

Der Prophet erinnert das klagende Volk an den Gott, den sie in ihren gottesdienstlichen Liedern besingen, er spricht sie als Gottesdienstgemeinde an. Die Kraftquelle sprudelt in ihrer Mitte.

Klagende Einzelne und klagende Gemeinden würde ich gern an Kraftquellen in ihrer Mitte erinnern: Lieder, Gebete, Erfahrungen der Güte und Nähe Gottes im eigenen Leben und im Leben der Gemeinde. Die Erinnerung nährt das Vertrauen in die Zukunft.

Am 5. Sonntag nach Epiphanias kommen wir von Weihnachten her. Von der Menschwerdung Gottes fällt ein Licht auf V. 27, auf unsere Klagen.

Die Hinweise Jesajas münden in einen »Zukunftshinweis«, die Verheißung der Verse 29–31, den Hinweis, der noch geglaubt, dem noch vertraut werden muss.

Möglicher Schluss

Manchmal, wenn ich wieder mit Hingabe klage, brauche ich eine Begrenzung. Und manchmal darf ich auch andere begrenzen, am besten bevor ich selbst gar nicht mehr zuhören kann. Einer Freundin habe ich neulich vorgeschlagen: »Pass auf: Du darfst jetzt 20 Minuten klagen. Dann überlegen wir uns eine Lösung.« Da mussten wir beide lachen und sie war schon nach 15 Minuten fertig mit ihrer Klage.

Kontext

Der Suizid von Robert Enke beschäftigt in den Wochen, in denen ich dies schreibe, die deutsche Gesellschaft. Ein (!) Aspekt von Depression ist ja, dass Aggression, Klage, Unzufriedenheit nicht nach außen gewendet werden dürfen, sondern nach innen gerichtet sind. Für die Öffentlichkeit war/ist die Depression eines Spitzensportlers ein Tabu. Wie befreiend ist da der offene Umgang des Propheten Jesaja mit der »Exilsdepression« seines Volkes.

Themen und Motive

Die Autorinnen und Autoren

Pfarrer Hans Hermann **Blettgen**, Essen
Pfarrer Oliver **Böß**, Mackenbach
Pfarrer Sebastian **Feydt**, Dresden
Pfarrer Martin **Franke**, Ranstadt
Pfarrer Johannes Gerrit **Funke**, Dortmund
Pfarrer Hansjörg **Haag**, Wächtersbach
Pfarrer Dr. Dieter **Heidtmann**, B-1950 Kraainem
Pfarrer Dr. Rolf **Heinrich**, Gelsenkirchen
Pfarrerin Claudia **Kettering**, Kaiserslautern
Pfarrerin Elisabeth **Müller**, Essen
Pastorin i. R. Dorothee **Münkner**, Hannover
Pfarrerin Rike **Nacken-Gröne**, Bremen
Pfarrerin Monika **Renninger**, Stuttgart
Pfarrerin Urd **Rust**, Rockenhausen
Pfarrerin Gudrun **Scheiner-Petry**, Burgthann
Pfarrerin und Supervisorin Angelika **Scholte-Reh**, Wiednitz-Heide
Pfarrer Dr. Christian **Schwarz**, Aglasterhausen
Pfarrerin Dr. Sigrun **Welke-Holtmann**, Callbach
Pfarrerin Dorothee **Wüst**, Weilerbach